Apprendre à apprendre

DANS LA MÊME COLLECTION

Je déchire au lycée, Librio n° 1119
Une heure par semaine pour réussir au CP – Français, Librio n° 1123
Une heure par semaine pour réussir au CP – Mathématiques, Librio n° 1102
Apprendre à réviser, Librio n° 1004
Apprendre à réussir, Librio n° 1003
Apprendre à prendre des notes, Librio n° 999
Vocabulaire espagnol, Librio n° 842
Chinois pour débutants, Librio n° 823
Chronologie universelle, Librio n° 773
Le Mot juste, Librio n° 772
La Géométrie, Librio n° 771
Le Dico de la philo, Librio n° 767
Formulaire de mathématiques, Librio n° 756
Latin pour débutants, Librio n° 713
Grammaire espagnole, Librio n° 712
Mouvements littéraires, Librio n° 711
Figures de style, Librio n° 710
Dictées pour progresser, Librio n° 653
Conjugaison espagnole, Librio n° 644
Vocabulaire anglais courant, Librio n° 643
Difficultés du français, Librio n° 642
Le Solfège, Librio n° 602
Grammaire anglaise, Librio n° 601
Orthographe française, Librio n° 596
Le Calcul, Librio n° 595
Conjugaison anglaise, Librio n° 558
Grammaire française, Librio n° 534
Conjugaison française, Librio n° 470

André Giordan
Jérôme Saltet

Apprendre à apprendre

Librio
Inédit

Sommaire

Introduction

Pourquoi apprendre à apprendre ?

➢ Parce que apprendre, réussir à une formation ou à un examen est un métier en soi... Ceux qui réussissent ont découvert spontanément ce qu'il faut faire et ne pas faire ou l'ont acquis progressivement dans la famille.

➢ Parce que chaque formation, chaque concours, chaque épreuve a des rituels, des façons de faire qu'il s'agit de décoder et de s'approprier. On n'aborde pas de la même façon un oral, une dissertation ou un projet. On ne prend pas des notes de la même façon pour les mémoriser pour un examen, pour rédiger un compte-rendu ou monter un projet.

➢ Parce que chacun a des habitudes de travail, d'organisation et de mémorisation différentes. Il s'agit d'en prendre conscience, de les connaître pour les perfectionner, mais aussi de savoir qu'il existe d'autres façons de faire, parfois plus performantes.

Apprendre à apprendre, ce n'est donc pas directement acquérir un minimum de connaissances, mais vous permettre d'apprendre de mieux en mieux. C'est prendre un temps de recul sur vos façons de travailler et... sur vous-même, pour être plus efficace.

D'abord, apprendre à apprendre, c'est s'organiser pour mieux travailler. Le point de départ est toujours une bonne organisation, à commencer par la tenue de ses pages de cours et la gestion de son temps et de son espace de travail. Ensuite, c'est acquérir des méthodes, des approches, des repères, pour recueillir et traiter au mieux les informations, notamment pour savoir argumenter ou se présenter sous son meilleur jour.

Enfin, c'est se fabriquer des « trucs » pour gagner du temps et se faciliter la vie !

Quand apprenez-vous à apprendre ?

Vous apprenez à apprendre quand vous prenez conscience de :

– ce que veut dire apprendre pour vous, comment « cela marche » et... à quoi cela peut vous servir ;

– de la place, de l'intérêt et du rôle de la situation de formation (collège, lycée, classes préparatoires, facultés, formations à distance), mais aussi des cours, des profs, des exercices, des divers textes mis à disposition ; comment s'en servir ? en quoi peuvent-ils être utiles pour réussir ?

Mais aussi :

– si vous repérez les actions que vous pouvez faire pour mieux comprendre, y compris à partir de vos erreurs, pour mieux mémoriser puis mobiliser le savoir ;

– si vous tenez compte de votre corps et de ses besoins en nourriture, en repos et en sommeil, notamment pour chercher à limiter un stress permanent.

Les chapitres de ce livre sont ainsi construits sur des points strictement « incontournables » :

– **prendre conscience de la manière d'apprendre propre à chacun :** travailler sur la reconnaissance de ses façons de faire, notamment de mémoriser, changer dans son rapport au(x) savoir(s) et aux autres (autres étudiants, aimant(e), famille) ;

– **développer ses capacités cognitives :** savoir clarifier une situation, résoudre un problème et traiter l'information, savoir prendre des notes, résumer, rendre compte, mémoriser, partager et formaliser... mais également explorer, innover, chercher, découvrir, créer et entreprendre pour se former ;

– **développer ses capacités personnelles :** apprendre à gérer ses efforts, son implication, ses émotions, son temps, sa motivation pour entretenir, renforcer ou réactiver le désir d'apprendre, ainsi que savoir faire émerger et prendre en compte son projet dans son contexte et dans sa relation aux autres.

– **tenir compte de son corps et notamment de l'organe de l'apprendre : le cerveau.** On n'utilise pas la millième partie de ses potentialités ! On le stresse, le sature souvent inutilement. Savoir se reposer, faire la sieste ou dormir n'est pas une perte de temps quand on sait nourrir – diététiquement et intellectuellement – son cortex cérébral.

Petit mode d'emploi

Travailler seulement une notion ne suffit généralement plus ! Il est nécessaire que vous vous questionniez de temps à autre sur :

– ce que vous avez fait, et comment vous l'avez fait ;

– ce que vous avez appris, et ce qui vous reste à apprendre ;

– et, surtout, à quoi tout cela vous sert-il...

Les difficultés sont parfois là. *Apprendre à apprendre* repose sur la volonté d'améliorer les apprentissages de chacun en développant non seulement ses capacités d'acquisition de connaissances, mais aussi et surtout en s'aidant à lever les blocages liés à l'apprentissage. Souvent, il nous faut aller chercher au fond de soi les ressources pour mobiliser sa motivation à apprendre.

Exemples

Vous pensez que les maths sont compliquées, alors que c'est l'image des maths qui est mauvaise chez vous. Parce qu'un jour, un prof a compliqué les explications, parce que le vocabulaire vous paraît difficile, parce que vous avez déjà oublié le chapitre précédent par manque d'intérêt. Dites-vous que les maths, ce n'est qu'une sorte de mixeur ! Vous mettez des éléments dedans : les hypothèses ; vous faites marcher une mécanique : un théorème, une démonstration – à vous de repérer la bonne ! – ; et vous obtenez le résultat. Demandez-vous pourquoi les maths vous font peur et tout se passera mieux.

Vous n'aimez pas la géographie, l'économie ou la physique. « Ça ne me servira à rien ! » pensez-vous... Tant que vous ne trouverez pas en quoi une matière peut servir, rien ne vous motivera. Essayez de voir en quoi la géographie, l'économie ou la physique sont utiles pour comprendre le monde – comment et par qui sont-elles utilisées par exemple ? – et vous apprendrez sans problème.

Vous avez du mal à faire des liens entre toutes les activités vécues en cours, et entre ces activités et d'autres situations plus générales, voire extérieures. Prenez le temps de vous représenter l'apprentissage visé, ou de comprendre le sens de la notion abordée, parlez-en avec votre prof et vos problèmes seront vite loin !

Prenez conscience que nous avons tous beaucoup de ressources pour apprendre. Certaines personnes accèdent facilement à ces ressources ; pour d'autres, c'est plus difficile ou moins immédiat. C'est souvent un « non-pensé » ! Pour bien apprendre, il vous faut prendre conscience de ce que vous faites, notamment :
– de ce que vous réussissez, comment et pourquoi ;
– et de ce sur quoi vous échouez, comment et pourquoi.
Il est important que :
– vous confrontiez en permanence – du moins jusqu'à ce que « cela marche » – vos façons de faire avec les suggestions proposées dans ce livre ;
– vous en expérimentiez de nouvelles pour en analyser les effets bénéfiques.
Il est également important d'échanger avec d'autres sur vos manières de faire.
Ensuite, à vous d'adopter la meilleure démarche en fonction de qui vous êtes et de la situation. Il n'existe pas une bonne manière universelle d'apprendre, encore moins de recette ou de panacée. Il est bon de **chercher sa propre manière... ou de « jongler » avec plusieurs !**

Ce livre a été écrit pour être utile à tout âge, mais il est spécialement destiné aux 15-30 ans, à ceux qui préparent le bac, les concours d'entrée aux grandes écoles ou ceux de la Fonction publique. Il peut concerner également ceux qui reprennent des études.

Certains passages sont plus « écoles », d'autres plus « fac ».

Tous les chapitres ont été écrits pour être indépendants les uns des autres... Ne les lisez pas à la suite mais séparément, en fonction des difficultés que vous rencontrez ou des activités que vous avez à faire. Des renvois vous permettront de passer d'un chapitre à l'autre quand il y a complémentarité.

N'hésitez pas à y revenir à différents moments de l'année, vous y repérerez chaque fois des idées différentes, celles que vous aviez laissé échapper parce qu'elles étaient à ce moment-là trop éloignées de vous !

Apprendre pour demain ?

Aujourd'hui, chaque jeune doit se préparer à se mouvoir dans un monde dont il ne connaît pas encore les contours. Il est impossible de se faire une idée des innovations qui bouleverseront la vie de la planète dans les cinquante prochaines années. Extrapoler sur les savoirs qui vous seront « utiles » en 2020-2040 est une gageure !

La priorité d'une formation, ce n'est plus d'accumuler des savoirs mais, au travers des connaissances, d'introduire une disponibilité : l'envie de chercher à comprendre en permanence, c'est-à-dire une curiosité d'aller vers ce qui n'est pas évident ou familier.

S'approprier des démarches d'investigation tient une place prépondérante. Chacun de nous doit mettre en œuvre des recherches d'information, des démarches d'enquête ou savoir argumenter pour convaincre. Le projet n'est plus non plus d'apprendre seulement à résoudre des problèmes, mais d'abord de savoir clarifier une situation pour voir où sont les problèmes et trouver des solutions autres. Il vaudrait mieux parler « d'optimums » parce qu'il n'y a jamais une seule solution. Par exemple, trier les déchets, c'est bien... mais à quoi cela sert-il si on ne pense pas à consommer autrement pour faire moins de déchets !

Un regard critique sur tout ce qui nous entoure devient une nécessité au quotidien. Il nous faut faire les liens entre savoirs scientifiques, historiques, géographiques, littéraires, entre éthique, culture(s) et société, ou encore entre savoirs et valeurs. Qu'est-ce qui est urgent ou prioritaire de maîtriser ? Et pour quoi faire ?

À méditer !

Savez-vous qu'il s'agit de développer un savoir biodégradable ? ! Tout savoir qui s'installe devient à la longue dogmatique. Il conduit à une certaine rigidité mentale.

Or, la situation actuelle du monde est riche d'incertitudes. Le savoir doit vous permettre de vous adapter et d'inventer en permanence pour faire face au complexe et à l'incertain. Et non vous lamenter parce que tout est compliqué ou impossible !

Ce livre a été écrit par les auteurs de *Coach Collège*, un guide pour apprendre à apprendre aux collégiens, fruit de plusieurs années de recherche. (www.coachcollege.fr)

I

Comprendre pour apprendre

Apprendre sans réfléchir est vain.
Réfléchir sans apprendre est dangereux.
CONFUCIUS

Apprendre n'est pas ce qu'on croit !

Apprendre n'est pas seulement mémoriser par cœur.

L'important pour apprendre est d'abord de comprendre. Quand on veut apprendre vraiment, la mémorisation, si elle est nécessaire, reste insuffisante. Il faut aussi pouvoir mobiliser son savoir. C'est quand on réutilise ses connaissances dans des situations différentes que l'on apprend vraiment.

Certaines pratiques favorisent par ailleurs beaucoup l'apprentissage. Le vécu, par exemple, permet de mieux ancrer le savoir et l'on s'en souvient mieux sur la durée. Une autre façon de mobiliser le savoir est de le partager avec d'autres.

Travailler les erreurs est aussi une très bonne façon d'apprendre. Il importe de ne pas se culpabiliser, de comprendre ce qui n'a pas marché pour essayer autrement.

Apprendre, c'est donc :
- **Comprendre**
- **Mémoriser**
- **Utiliser et partager**
- **Se tromper et... dépasser l'erreur**

Apprendre, qu'est-ce que c'est vraiment ?

On apprend à partir de ce qu'on sait déjà

Le cerveau n'est pas une page blanche. Il interprète en permanence les informations qu'il reçoit en fonction des connaissances, des expériences, des croyances, des conceptions déjà emmagasinées.

Apprendre, c'est se remettre en question

Car c'est parfois s'apercevoir que ses conceptions sont fausses. Il faut alors être capable de les changer pour les reconstruire autrement.

Apprendre, c'est mobiliser ses savoirs

Un savoir qui n'est pas utilisé est en effet rapidement oublié.

Apprendre fait appel à des mécanismes complexes

On apprend plus facilement :

- ce qui correspond à ses goûts ou à des questions qu'on se pose ;
- si on a confiance en soi ;
- si on se sent en accord avec celui qui enseigne ;
- si on peut partager ses centres d'intérêt avec son entourage.

Apprendre, toujours et partout

Apprendre, c'est d'abord chercher à répondre aux questions que le genre humain se pose depuis toujours :

« D'où viens-je ? », « Qui suis-je ? », « Où vais-je ? » Mais c'est aussi répondre à ses questions du quotidien. On apprend en lisant des magazines, en regardant la télévision, en allant au cinéma, en discutant avec ses amis, en voyageant... Tout est l'occasion d'apprendre, à condition de s'interroger sur les choses et les gens qui nous entourent.

Apprendre, à chacun son style

Chacun a sa manière d'apprendre : certains sont plutôt visuels, d'autres plutôt auditifs, d'autres encore ont besoin de bouger leur corps ou d'apprendre en faisant quelque chose (expérience, recherche...). Quel que soit son style, l'important est de repérer son mode de fonctionnement.

Apprendre, c'est indispensable

Comment avoir une opinion sur le monde, sur l'actualité, sans apprendre ? Avec la multiplication des savoirs, la diversité des médias ou encore le développement des nouvelles technologies, apprendre est devenu un des plus grands enjeux de notre société. Et apprendre, c'est aussi être vigilant vis-à-vis des informations que l'on reçoit.

Apprendre pour rester maître à bord !

La mondialisation, les nouvelles technologies, les défis planétaires, les nouveaux modes de communication sont des enjeux quotidiens qui imposent d'apprendre en permanence.

La flexibilité, la transparence, l'instantanéité, ou encore le travail à distance que permettent les technologies de l'information se révèlent des bénéfices à condition de savoir rester maître à bord. Il faut donc apprendre à ne pas subir les nouvelles technologies.

Sur tous ces plans, si on ne s'informe pas, si on n'apprend pas, le monde nous échappe.

Pour en savoir plus : André Giordan, *Apprendre !*, Éditions Belin, 2004

À CHACUN SA FAÇON !

Chaque personne comprend, se souvient, mobilise son savoir de façon différente.

Pour comprendre, mémoriser ou se souvenir :

- certains se fabriquent ou voient des images dans leur tête ;
- d'autres entendent des mots ;
- d'autres encore ont besoin d'imaginer des sensations, un mouvement ou ont besoin de bouger.

Découvrez votre profil d'apprentissage

Il importe de découvrir et de comprendre ce qui se passe dans SA tête.

Il n'y a pas de réponse toute faite ! Mieux on se connaît, mieux on utilise ses capacités, et plus il est facile d'apprendre. Voici quelques pistes qui servent à mieux se connaître.

Quand vous cherchez à apprendre :

Vous construisez-vous des images ou un film ? Revoyez-vous dans votre tête la page où vous avez pris des notes ?

Vous racontez-vous une histoire ? Est-ce que vous vous redites vos notes avec vos mots, ou est-ce que vous entendez la voix du prof ?

Avez-vous besoin d'associer des émotions aux mots, de bouger ou de « vivre » physiquement ce que vous apprenez ? De réécrire vos notes ?

• **Si vous êtes , vous êtes plutôt visuel** : vous apprenez mieux avec des images. Faites-les exister dans votre tête, comme des photos ou un film.

Exemple : si vous apprenez les grandes dates de la Première Guerre mondiale, essayez de vous les représenter sous forme de frise chronologique illustrée dans votre tête.

• **Si vous êtes , vous êtes plutôt auditif** : vous apprenez mieux avec des mots ou des sons. Racontez-vous une histoire avec vos propres mots ou réentendez ceux de votre prof.

Exemple : Racontez-vous les dates de la Première Guerre mondiale comme on se raconte une histoire.

• **Si vous êtes , vous êtes plutôt kinesthésique** : vous apprenez mieux avec des sensations, des émotions. Essayez d'associer les idées à des sensations ou à des mouvements.

Exemple : Souvenez-vous des dates de la Première Guerre mondiale en les écrivant ou en les intégrant à vos gestes. Essayez aussi de vous rappeler dans quelles circonstances vous les avez apprises.

Apprendre n'est pas un processus réductible à ces trois profils. Mais ceux-ci peuvent déjà vous permettre de vous situer. Plus on réfléchit à la façon dont on apprend, plus on progresse.

Plus on ajoute de cordes à son arc, plus on apprend facilement

Il importe de connaître son style d'apprentissage, mais il est utile de s'entraîner aux autres façons de faire.

Quand on est visuel, on a tendance à :

• comprendre un sujet dans son ensemble, de façon globale ;

• à aller à l'essentiel en oubliant les détails ;

• moins l'analyser dans l'ordre, avec une succession de points et de sous-points.

Conseils :

• Faites attention à donner un ordre aux idées, à les organiser, et non à les présenter comme elles viennent.

• Entraînez-vous à retranscrire les idées avec des mots ou, mieux, à vous les dire, ou encore à associer ces détails à des gestes.

Quand on est plutôt auditif, on a tendance à :

• analyser un sujet point par point, dans l'ordre ;

• moins le comprendre dans son ensemble, de façon globale.

Conseils :

• Entraînez-vous à développer une vue d'ensemble, pour percevoir un sujet dans sa globalité. Écrivez sur une feuille le plan du cours sous forme d'un schéma ou d'un conceptogramme (voir p. 49).

• Imaginez dans votre tête les liens qui existent entre les informations.

Quand on est plutôt kinesthésique, on a tendance à :

• avoir besoin de bouger pour faire exister les informations dans sa tête ;

• rechercher des sensations pour les retrouver.

Conseils :

• Entraînez-vous à écrire sous forme télégraphique les informations plutôt que de bouger vraiment.

• Essayez d'associer des images à vos mouvements.

• Essayez de mettre en pratique vos idées.

Quel est votre regard sur « l'apprendre » ?

La façon d'apprendre n'est pas le seul paramètre qui entre en compte pour apprendre efficacement. Le rapport au savoir est un autre élément capital. Quel est le vôtre ? Essayez de vous identifier à l'un des profils ci-dessous :

L'intello	L'intellectuel aime apprendre. Généralement, il affectionne la solitude. Introverti, il peut paraître distant vis-à-vis des autres. Il est souvent bon étudiant.
Le dynamique	Le dynamique aime agir. Il a le don de réussir dans ce qu'il a décidé d'entreprendre. Cela n'en fait pas automatiquement un bon étudiant. Il compte beaucoup sur son sens de la débrouillardise.
L'aimable	L'aimable travaillera plus pour faire plaisir à sa famille, à ses professeurs. Sociable et gentil, c'est un étudiant très agréable. Cependant, il a besoin d'être reconnu, respecté pour pouvoir s'épanouir.
Le perfectionniste	Le perfectionniste a horreur de mal faire. Il a une faculté à voir ce qui pourrait aller de travers. Soucieux et inquiet, il prend le temps de faire les choses correctement.
L'émotionnel	L'émotionnel agit en fonction de ses émotions difficilement contrôlées et peut réagir de façon théâtrale. Il possède un esprit très créatif et aime se différencier de ses camarades.
L'enthousiaste	L'enthousiaste a une forte joie de vivre. Il a une grande faculté à percevoir le côté positif des choses. Cependant, l'ordre et la discipline ont tendance à le frustrer.
Le rebelle	De peur d'être blessé, le rebelle évite de montrer tout signe de faiblesse. Il n'hésite alors pas à entrer en confrontation mêlée à des accès de colère. Il peut donc devenir un élève difficile.

(Ces profils sont extraits des *7 profils d'apprentissage,* de Jean-François Michel, Éditions d'Organisation, 2005.)

QUELS SONT LES PROCESSUS POUR APPRENDRE ?

Il existe plusieurs façons d'apprendre. Suivant le contenu et surtout l'écart entre ce que l'on sait et ce que l'on doit apprendre, on peut user de l'une ou de l'autre.

L'apprendre par réception

J'apprends par une transmission directe à partir d'un émetteur : l'enseignant.

Je reçois l'information et je l'enregistre.

C'est une bonne méthode si le savoir proposé correspond à une question, si on est disponible, si on connaît bien les mots utilisés et si l'enseignant produit du sens comme on aurait fait soi-même.

L'apprendre béhavioriste

J'apprends par conditionnements et par un entraînement. Je me mets dans une situation – grâce à un logiciel par exemple – qui va générer un comportement. Si celui-ci est bon, je suis récompensé. Si cela ne correspond pas, une nouvelle situation me permet d'y remédier, etc.

C'est une bonne méthode pour apprendre un geste technique, comme taper dans une balle ou planter un clou.

L'apprendre par construction

À partir de mes besoins et de mes intérêts, je construis mon savoir de façon active par une découverte autonome, des tâtonnements, une libre expression ou des confrontations avec l'autre.

C'est une bonne méthode pour se motiver ou enrichir un savoir.

L'apprendre par allostérie

Tout apprentissage réussi est un processus très complexe, voire paradoxal. Le système de pensée en place permet d'intégrer les nouveaux savoirs. Toutefois, le plus souvent, il constitue un cadre de résistance à toute nouvelle donnée qui va à son encontre.

Pour apprendre, il faut prendre appui sur ce que l'on sait, mais il est indispensable en même temps de le déconstruire pour élaborer le nouveau savoir. Construction et déconstruction se déroulent de façon simultanée. Toutefois, on ne lâche le savoir ancien que quand on s'est approprié le nouveau et qu'on a testé son intérêt ou son efficacité.

Vous ne retenez en premier lieu que les informations qui sont attendues par vous, c'est-à-dire celles qui :

– s'inscrivent dans votre propre conviction ;
– vous font plaisir, vous touchent ou vous accrochent ;
– vous confortent dans votre position.

Vous négligez ou rejetez toutes les autres, même si celles-ci sont utiles. C'est ainsi ! Il faut en avoir conscience.

Apprendre, c'est autant « évacuer » des savoirs peu adéquats que s'en approprier d'autres. C'est le résultat d'un processus de transformations multiples (de questions, d'idées initiales, de façons de raisonner habituelles, etc.).

QU'EST-CE QUI FACILITE « L'APPRENDRE » ?

J'apprends :

– lorsque les apprentissages proposés ont du sens pour moi et quand je leur accorde de la valeur ;

– quand des données viennent m'interpeller, me perturber, m'aider à élaborer, etc.

Pour résumer, apprendre c'est :

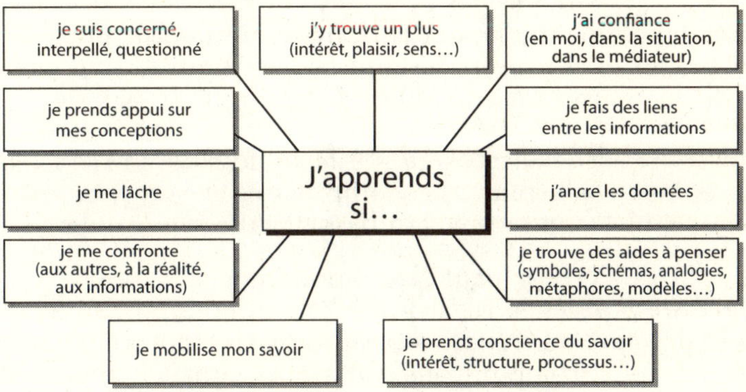

COMMENT ÉVITER LES ERREURS ?

> « L'expérience, c'est le nom que chacun donne à ses erreurs. »
> (OSCAR WILDE)
>
> « Penser, c'est aller d'erreur en erreur. » (ALAIN)

L'erreur est essentielle pour apprendre. Sans erreur, aucun apprentissage, aucune action, innovation ou invention n'est possible.

Pour qu'elle vous serve à avancer, il vous faut l'analyser :

• chercher à savoir où elle se trouve ;

• tenter de comprendre pourquoi vous vous êtes trompé.

C'est exactement ce que vous faites en sport, en musique ou avec un jeu vidéo : vous essayez et ensuite vous tentez de tirer parti de vos erreurs pour progresser. Sans vous décourager.

Voir positivement ses erreurs aide à progresser.

Pour analyser et comprendre mes erreurs, je peux :

• tenir compte des remarques inscrites sur mes copies ;

• tenir compte des commentaires que mes profs font en parlant, lors de la correction d'un exercice, à la remise des copies… ;

• comparer mes copies entre elles pour déterminer les erreurs que je fais le plus souvent ou encore comparer mes copies avec celles des autres pour voir comment eux ont fait ;

• demander conseil au prof et notamment lui demander de m'expliquer ses commentaires.

Pour dépasser une erreur, il faut surtout avoir envie de ne pas la refaire. Les erreurs ne sont pas des fautes. Au contraire, c'est de la matière à travailler. L'erreur n'est pas de l'ignorance.

Reprendre vos exercices et vos tests doit devenir un réflexe pour repérer vos erreurs, les comprendre et voir comment les dépasser ou les contourner. Au besoin, faites-vous aider.

La peur de l'erreur peut être bloquante

Apprenez à gérer le regard des autres, notamment celui des profs et des parents. Pensez aux vertus de l'erreur. Si vous n'êtes pas prêt à vous tromper, vous n'arriverez jamais à apprendre et encore moins à produire quelque chose d'original !

Et gardez toujours à l'esprit qu'une note est un jugement sur le travail que vous avez rendu, mais jamais sur vous-même !

Quels sont les types d'erreurs les plus fréquentes ?

Je n'ai pas fait assez attention.	Le stress fait perdre beaucoup de ses moyens. Travaillez votre concentration sur le travail.
Je n'ai pas appris.	• Par manque de temps. • Par manque de motivation.
Je n'ai pas compris ce que je devais apprendre.	Demandez toujours au prof ou à un ami pour ne jamais laisser quelque chose d'incompris.
J'ai oublié. J'ai cru que j'avais appris.	La mémoire se travaille (voir p. 31).

J'ai cru que j'avais compris.	Vérifiez que vous avez compris en vous posant des questions, en répondant à celles qui figurent à la fin du chapitre du livre ou en refaisant des exercices.
J'ai mal compris l'énoncé.	Prenez le temps de bien décoder la consigne. Lisez-la calmement et en entier. Demandez-vous ce qu'on attend de vous. Prenez le temps de repérer les mots, de leur donner du sens, de voir les liaisons entre eux.
J'ai stressé.	Un bon moyen de diminuer votre stress (voir p. 101) est de vérifier que vous êtes capable de redire ou réécrire ce que vous avez appris.
Je me suis dit que je n'y arriverais pas. Je voulais être cool.	Travaillez votre estime de soi (voir p. 25).
Je n'ai pas eu le temps de finir.	Prenez l'habitude de gérer votre temps (voir p. 81). Entraînez-vous chez vous à faire vos contrôles (exercices, exposés…) en temps limité, chronométrez-vous.
J'ai oublié un mot, une idée.	Comparez chaque fois ce que vous voulez dire, ce que vous avez en tête et ce que vous avez réellement écrit dans le feu de l'action. De cette manière, fini les oublis rageants. • Relisez régulièrement les consignes et votre brouillon. • Essayez de repenser au plan ou à l'exercice type du cours.
Je n'ai pas été assez précis.	Utilisez les consignes et vos anciennes copies pour comprendre à quel point le prof souhaite que vous précisiez.

II

Se donner le désir d'apprendre

Donnez le désir d'apprendre et toute méthode sera bonne.

JEAN-JACQUES ROUSSEAU, *L'Émile*, 1762

Il n'est pas de bonne pédagogie
qui ne commence par éveiller le désir d'apprendre.

FRANÇOIS DE CLOSET, *Le bonheur d'apprendre*, 1997

Une des plus curieuses activités de l'homme tient dans sa capacité à « penser l'avenir ». Quels sont la source et le moteur qui participent à ce voyage dans l'inconnu avec l'hypothétique espoir d'ajouter quelques savoirs à la compréhension d'un monde dans lequel nous vivons ? Nous choisissons de le nommer « désir d'apprendre ».

Nous aurions pu tout aussi bien l'appeler : « curiosité » ou « motivation ».

Moteur à facettes multiples, il déclenche l'apprendre tout en étant façonné en retour par les connaissances apprises ou les démarches mises en route. Sans désir, point de question, point d'apprendre.

Ce désir est très présent chez le jeune enfant. Il se perd progressivement au cours de la scolarité. À la fin de celle-ci, il a souvent totalement disparu, y compris chez les jeunes qui réussissent.

Pourtant, le désir d'apprendre est un antidote à l'ennui.

Comment le conserver ?
Comment le faire renaître si on l'a perdu ?
Comment le reconnaître ou l'amplifier ?

Le savoir est toujours une tentative de réponse à une question.

À quoi ça sert d'avoir le désir d'apprendre ?

• Plus on est impliqué, plus on se pose de questions, donc plus on a le désir de comprendre.

• Quand il y a du désir d'apprendre, la mémoire enregistre mieux, que ce soit au moment où on apprend ou au moment où on réutilise ses connaissances (lors d'un examen ou d'un projet par exemple).

• On s'ennuie moins.

• Cela change le regard que l'on porte sur les autres et sur ce qu'on apprend, mais aussi le regard des autres sur soi.

• Le désir pousse à atteindre un but, à réaliser un projet.

« *Ça me soûle !* »

Pour améliorer sa popularité, être cool aux yeux des autres, certains trouvent tout « soûlant » ! C'est une mauvaise idée, une vraie barrière pour apprendre. Car on apprend mieux quand on est motivé. De plus, c'est une attitude qui exaspère très vite les profs. À la fin, elle finit par énerver aussi les copains !

Être honnête avec soi

Parfois, on préfère attendre que cela se passe plutôt que faire l'effort de s'investir dans ses cours. Les raisons sont diverses :

– on n'a pas compris à quoi cela peut servir ;

– on a peur de ne pas y arriver.

Parfois, c'est également par fierté : pas facile d'admettre ou de dire qu'on a des difficultés dans une matière !

S'ennuyer devient alors un moyen de se protéger ou d'attendre. Comme si le temps qui passe allait changer par enchantement quelque chose !

Le problème est que les choses empirent avec cette attitude. Alors, mieux vaut avoir le courage de s'avouer ses difficultés, de rechercher les moyens de s'en sortir. Notamment en cherchant de « bonnes » raisons de se motiver. Après quelques efforts ou passages difficiles, tout ira beaucoup mieux.

Pour ne pas perdre son temps et retrouver un désir d'apprendre, on peut parfois décider de changer d'activité.

Mais attention ! Avant de changer, il faut se poser les vraies questions :

– Est-ce que j'agis sur un coup de tête ?

– Suis-je en train de fuir un problème par peur de l'affronter ?

– Est-ce un vrai choix positif, pas un réflexe de fainéant (par exemple) ?

Je fais alors une « balance de décision » :
– Qu'est-ce que je gagne ?
– Qu'est-ce que je perds ?
Sur le court terme et sur une plus grande durée...

Pas envie d'apprendre ?

Bien souvent, lorsqu'on s'ennuie, c'est qu'on est passif mentalement.

Le « bon » ennui et le « mauvais » ennui

Le bon ennui est propice à la rêverie, à la recherche de soi-même, de son identité. Il est utile pour laisser vagabonder son esprit et développer son imaginaire, ou encore pour réduire le stress.

Le mauvais ennui, c'est quand on tourne en rond, que l'on s'énerve, que son esprit est bloqué.

Deux idées reçues à combattre

1. Ce n'est pas parce que quelque chose est obligatoire ou sérieux que c'est forcément ennuyeux. Il existe des choses motivantes et qui ne sont pas forcément « fun ». Par exemple, quand on répète de très nombreuses fois le même geste en sport ou en musique, on ne trouve pas forcément ennuyeux de le faire, parce qu'on a envie de progresser, d'arriver à jouer correctement.

2. L'idée que vous n'auriez plus de copains si vous ne faisiez pas comme eux est une idée sur le court terme. Au contraire, les copains seront plus nombreux si vous êtes motivé, si vous avez des idées, si vous entreprenez. Ils viendront plus facilement vers vous.

10 propositions pour sortir de son ennui

Et si vous essayiez de trouver des solutions plutôt que d'attendre que ce soit les autres qui vous sortent de votre ennui ?

1. Trouvez ce qui est motivant pour vous (voir p. 25).
2. Formulez des projets.
3. Donnez-vous des défis.
4. Fixez-vous des objectifs pour une date précise.
5. Écoutez les cours en vous demandant ce que vous auriez dit à la place (voir p. 15).
6. Participez dès que possible : en posant des questions, en donnant votre avis, en partageant votre expérience...

7. Proposez des activités différentes. Vous pouvez suggérer à votre prof de faire un exposé sur un sujet qui vous intéresse et qui est lié au cours.

8. Prenez en charge une responsabilité (apporter un document, mener une enquête, organiser un groupe d'échanges...).

9. Mettez-vous dans la peau de quelqu'un d'autre : un journaliste, un enquêteur...

10. Cherchez des solutions pour apprendre autrement.

Qu'est-ce qui fait naître ou amplifie le désir d'apprendre ?

On peut trouver en soi naturellement du désir d'apprendre. On ressent qu'apprendre en général, ou certains sujets en particulier, génèrent du plaisir, de la joie ou du bonheur. D'autres raisons ci-après (voir le cercle intérieur) ont le même résultat, à condition d'avoir une bonne estime de soi.

Le désir peut aussi être créé de l'extérieur (voir le cercle extérieur).

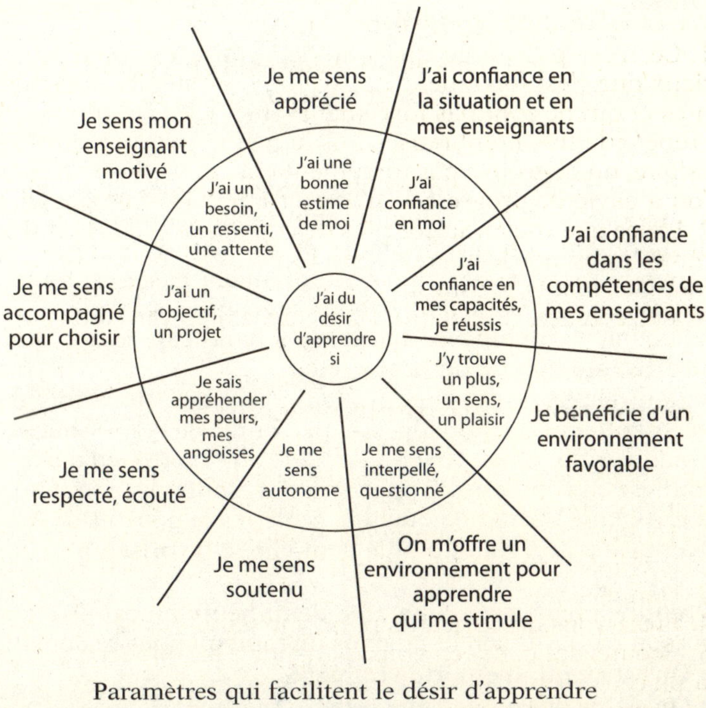

Paramètres qui facilitent le désir d'apprendre
(Cercle intérieur : les paramètres personnels ;
Cercle extérieur : les paramètres de l'environnement pour apprendre)

Trouver la source de ses désirs

Une activité peut occuper, faire passer un bon moment. Pour que naisse un désir d'apprendre qui soit moteur, il faut qu'elle rencontre ce que nous nommons le projet d'être ou de faire de la personne. Pour avoir envie de se lancer dans une étude ou d'aborder un savoir, l'apprenant a besoin de ressentir un « manque » dans son existence. Par exemple, pour s'intéresser au cerveau en biologie, il doit sentir qu'il n'a pas suffisamment de pouvoir sur lui-même ou sur ses capacités propres. Il ne sait pas ce qui se joue dans sa tête, ses connaissances sont insuffisantes pour le faire vivre et, par là, « il rate des trucs ». Connaître le cerveau n'est plus une accumulation de notions du type neurones ou neuromédiateurs ; c'est un passage obligé pour atteindre ses désirs ou pour réaliser ses projets.

Les sources du désir d'apprendre sont multiples, nous ne pourrons les citer toutes ici (voir schéma page précédente). Elles sont spécifiques à chaque personne. À chacun de trouver la (ou les) sienne(s).

Il n'y a pas une mais plein d'envies d'apprendre, prenez le temps de trouver les vôtres et surtout celles qui comptent vraiment pour vous.

Depuis longtemps, philosophes, psychologues et pédagogues ont supposé que l'être humain était habité d'un désir d'apprendre. Il en découlait qu'apprendre était « naturel » et que, si des personnes apprennent mal ou n'apprennent pas, c'est forcément « à cause de… ». Selon les périodes, les causes ont varié : « déficit intellectuel », « mauvaise nature », « handicap socioculturel », « insuffisante qualité du prof », etc.

Aujourd'hui, on est plus prudent ; on pense toutefois que le désir est attaché à l'individu, à la personne, de la naissance à son dernier souffle. Ainsi, chacun de nous doit mettre en œuvre tout ce qui est en son pouvoir pour susciter, soutenir, entretenir son désir. Aucune formation, aucune école n'a le pouvoir de le générer à notre place, tout au plus peut-elle le favoriser.

Prendre, chaque semaine, une demi-heure au calme chez soi, dans son bain, sur son lit ou dans un fauteuil pour se demander :

- Qu'est-ce qui me porte vraiment ?
- Qu'est-ce qui me fait me lever le matin ?

Sachez ce que vous voulez et mettez tout en œuvre pour l'obtenir (dans la limite du possible) plutôt que de vous lamenter ou d'envier la vie des autres.

On est vieux quand les regrets ont pris la place des rêves !

COMMENT ME SUSCITER DU DÉSIR POUR APPRENDRE ?

Parfois, les sources du désir peuvent être directement liées au savoir en jeu, donc :

– demandez-vous ce qui vous passionne sur le sujet du cours ou, au moins, recherchez ce qui vous donne du plaisir ;

– cherchez les enjeux du cours ;

– demandez-vous ce que vous pourriez mobiliser comme savoirs à propos de ce cours.

Si le savoir est un passage « obligé » pour une profession ou pour aller plus loin, il vous faut trouver des raisons qui vont au-delà de l'intérêt propre de ce savoir :

– Qu'est-ce que cette formation vous permettra demain (plus d'argent, de temps libre, de notoriété, de potentialités) ?

– Cette formation vous permet-elle de trouver un plaisir plus grand, de développer votre estime de vous ?

– Cette formation va-t-elle vous valoriser ?

– Avez-vous envie d'apprendre pour faire plaisir au prof, vous valoriser à ses yeux ou aux yeux des autres apprenants ?

– Cette formation est-elle un prétexte qui vous permet de rencontrer, de draguer ?

Mieux vaut être clair avec soi...

QUELLES SITUATIONS SUSCITENT DU DÉSIR ?

Si vous ne trouvez pas le désir en vous, il vous faut le trouver à l'extérieur.

Les situations éducatives provoquent du désir si :

– elles présentent de la nouveauté plutôt que de l'habitude ;

– elles donnent l'occasion de faire des choix ;

– elles conduisent à des questions plutôt qu'à des réponses ;

– l'individu se sent largement autonome.

D'autres approches possibles peuvent s'appuyer sur le besoin d'identité de la personne. Sur des sujets rébarbatifs, comme les opérations, les symétries, les figures géométriques en mathématiques, les savoirs « passent » mieux si on permet à l'apprenant de s'identifier aux personnages qui les ont travaillés, aux questions que ces derniers se posaient ou aux circonstances dans lesquelles ils les ont produites.

On accepte même des pratiques scolaires très rébarbatives quand on est passionné par un sujet ou une visée, ou parce qu'elles présentent une signification particulière pour soi. Quand on a trouvé sa motivation, on peut travailler par soi-même, aller rechercher l'information sans attendre ; on peut s'investir, donner de sa personne.

Un jeune passionné par le skate ou le roller recommence des milliers de fois la même tâche. Et cette tâche a tout de suite du sens pour lui. Ni l'échec ni la peur de se faire mal ne le rebutent... Pourquoi ne feriez-vous pas pareil pour apprendre en cours ?

Conduire son désir à l'effort

Le désir ne suffit pas, il faut agir !

Beaucoup de nos expressions témoignent de notre bonne volonté mais peuvent en même temps signifier nos illusions. Ainsi « se créer du désir », « le construire » ou « l'entretenir » peuvent être des mots de bonne conscience. Pensez immédiatement aux techniques, aux outils, aux savoir-faire, bien sûr, à l'implication et à la mobilisation des connaissances, pour passer vraiment à l'acte.

Il y a un pas entre le dire et le faire !

En travaillant sur vous-même et pour vous-même, vous pourrez changer votre rapport au savoir. Le désir doit se transformer en une volonté de mettre en place des moyens en vue d'un projet professionnel ou personnel.

Ainsi le désir d'apprendre trouve ses multiples ressorts en se fondant sur une réalité beaucoup plus grande et élevée.

Il y a l'enjeu de la vie dans le désir. Il y a dans le désir d'apprendre une volonté de s'approprier une partie au moins de la connaissance du monde et du savoir de l'humanité.

Pour l'enfant, puis pour l'adulte, apprendre, c'est accomplir son devenir humain, c'est participer à l'humanité commune. Et le désir d'apprendre permet de surmonter l'épreuve...

III

Travailler sa mémoire

La mémoire est la sentinelle de l'esprit.

WILLIAM SHAKESPEARE, *Macbeth*, 1605

Face à l'inflation des informations, l'individu est « condamné » à mémoriser de plus en plus.

Certes, il n'a plus à mémoriser des listes de numéros de téléphone, mais il faut retenir en permanence de nombreux mots de passe.

Il retrouve facilement des informations grâce à Internet, mais il lui faut mémoriser nombre de savoirs pour pouvoir gérer ces informations : y accéder, les trier, les hiérarchiser, les vérifier, les mettre en relation et argumenter.

> On n'utilise pas le millième des capacités de notre cerveau ! Autant mieux comprendre les mécanismes de la mémoire et prendre conscience de nos incroyables facultés.
>
> Comment entraîner sa mémoire ?
>
> Comment la conserver le plus longtemps possible ?

MÉMOIRE ET RECORDS

En 2002, un Britannique a été capable de mémoriser 54 paquets de cartes mélangées au hasard, soit 2808 cartes, en les regardant une seule fois. Il n'a fait que huit fautes ! Un autre Britannique a mémorisé complètement et sans faute un jeu de cartes mélangées en 31,03 secondes...

En 2005, un Japonais a mémorisé 83 431 décimales du nombre Pi.

En 2006, un Allemand a su mémoriser 214 mots présentés de façon aléatoire en 15 minutes...

Sans aller dans ce qui est sans doute une exagération gratuite, il est possible d'utiliser mieux sa mémoire.

6 IDÉES FAUSSES À DÉPASSER SUR LA MÉMOIRE

1. **Mémoriser, ce n'est pas apprendre par cœur**, c'est-à-dire lire un texte et le répéter aussitôt en levant les yeux au ciel.

C'est d'abord penser à l'importance de ce que l'on mémorise, donc avoir le désir de le faire.

C'est ensuite comprendre ce que l'on veut mémoriser, car on retient plus facilement quelque chose que l'on comprend.

Mémoriser, c'est aussi savoir tirer parti de ses réussites ou de ses échecs pour anticiper, prévoir ou comprendre les situations de vie.

2. **La place n'est pas limitée.** Ne craignez pas que mémoriser un savoir vous empêche, par manque de place dans votre tête, d'en mémoriser un autre. La mémoire ne fonctionne pas comme une bibliothèque ! Plus vous mémorisez, plus vous pouvez mémoriser. En effet, plus vous faites travailler votre mémoire, plus elle est entraînée et donc efficace.

> La mémoire n'est pas ce que l'on croit : elle ne conserve pas les souvenirs d'origine ou les données enregistrées, elle les « déchire » en permanence pour les réorganiser autrement en fonction des questions à traiter.
>
> **La capacité de la mémoire cognitive – l'une des quatre mémoires de notre corps – est immense, pratiquement illimitée. On n'en utilise qu'une infime partie.**

3. **Il n'y a pas de « centre » de la mémoire dans le cerveau.** Quand vous mémorisez, c'est l'ensemble de votre cerveau qui stocke l'information.

4. **Dormir n'est pas une perte de temps !** On ne mémorise pas tout directement lors du cours, mais aussi durant la nuit. C'est

en effet à ce moment-là que le cerveau réorganise les informations reçues pendant la journée. Et les rêves aident à mémoriser. C'est pourquoi il est utile de relire des informations le soir, avant de s'endormir.

5. **Il n'est jamais trop tard !** Ne pensez pas qu'à 30 ans (ou plus), il soit trop tard pour mémoriser. On peut mémoriser à tout âge... Et si vous réactivez votre cerveau en permanence, vous retrouverez plus facilement vos souvenirs.

6. **Il n'y a pas une façon unique de mémoriser.** Il faut savoir qu'il y a des manières très différentes. Pourquoi ne pas chercher à connaître sa propre façon pour la valoriser, puis s'exercer aux autres ?

À CHACUN SA MÉTHODE

On apprend tous différemment, chacun a sa propre façon de faire. Certains ont besoin de mettre des images sur ce qu'ils veulent retenir, voire carrément de visualiser la page de cahier, la fiche ou le livre. D'autres se racontent les idées ou s'inventent des histoires, d'autres encore ont besoin de dire à voix haute ou basse, de mimer, de bouger avec leur corps en associant des idées avec des mouvements, de se mettre dans la peau des personnes évoquées (voir p. 16). L'important est de découvrir ce qui vous réussit le mieux.

Il y a encore bien d'autres façons de mémoriser un cours.

- Certains, en relisant les notes prises en cours, entendent la voix de l'enseignant, d'autres entendent leur propre voix ; d'autres encore « photographient » les mots du texte, les images.
- Certains ont intérêt à surligner les mots-clés du cours, ou encore à faire un conceptogramme (voir p. 49) pour traduire les notions apprises en utilisant des couleurs et des illustrations variées. Cela leur permet aussi de garder des fiches visuelles, véritables synthèses du cours.
- Certains préfèrent partir d'un exemple pour retenir une règle, d'autres font l'inverse. Les uns apprennent une leçon pas à pas et dans le détail, tandis que les autres apprennent d'abord les grandes lignes et entrent ensuite dans le détail.

À vous de déterminer la façon dont vous fonctionnez. Et, surtout, n'hésitez pas à enrichir votre méthode ou éventuellement à en changer. L'important est d'avoir une méthode principale et de l'enrichir suivant la façon dont vous aurez besoin de restituer votre savoir.

Les 7 conditions d'une « bonne » mémoire

1. Désirer retenir

On retient mieux si ce qu'on veut retenir est utile pour un projet, notamment si on sait à quoi et pourquoi cela va servir plus tard.

On retient mieux quand ce qu'on mémorise constitue une réponse à une question que l'on s'est posée.

On retient mieux ce qui nous plaît ou nous émeut. Le temps consacré à un savoir varie en raison inverse de l'intérêt qu'il inspire ! Pour les savoirs « obligés », il faut donc y passer plus de temps, ou s'y intéresser davantage.

Quand on désire retenir, il faut éviter la dispersion, la distraction, pour ne pas bloquer le travail du cerveau. Donc :

• Travailler sur une table nette.

• Utiliser la méthode des petits papiers pour noter une idée qui passe par la tête. En la notant, on évite qu'elle devienne obsédante.

• Ne pas malmener le cerveau : éviter les bruits parasites, le zapping... On mémorise mieux quand on a l'esprit reposé.

2. Comprendre l'information

On mémorise mieux si on a compris de quoi il retourne. De quoi ça parle ? Où cela se situe par rapport à ce que l'on connaît déjà ?

La mémoire met en relation les nouvelles connaissances avec celles que l'on a déjà mémorisées. Elle procède donc par références : les souvenirs s'insèrent dans la mémoire en place par un processus d'ancrage.

D'où l'importance de :

• Partir de ce qu'on connaît déjà pour apprendre quelque chose de nouveau. Vous pouvez par exemple vous demander : « Qu'est-ce que je connais à ce sujet ? », « Qu'a-t-on vu au cours précédent ? »

• Créer des liens entre les cours, les événements, les informations reçues...

• Se poser des questions sur le sujet. On peut utiliser la technique des **5 W** des journalistes : qui ? quoi ? où ? quand ? pourquoi ? (En anglais : *who, what, where, when, why*.)

3. Structurer l'information

On mémorise mieux quand les choses à apprendre sont regroupées, prises dans une « structure », en un « tout » clair, cohérent et hiérarchisé.

C'est un peu comme un puzzle : toute connaissance nouvelle doit prendre SA place parmi les autres déjà emmagasinées dans le cerveau ; il faut qu'elle « s'intègre » dans la structure, sinon, il y a un phénomène de rejet. Ainsi, la mémoire se restructure en permanence comme un programme d'ordinateur auquel on ajoute un nouvel ordre : le nouveau numéro prend automatiquement SA place dans le listing.

Donc :

• Clarifier, mettre sous une forme compréhensible directement.

• Hiérarchiser : repérer d'abord le plan, les parties et l'enchaînement.

• Faire un effort de cohérence : raccrocher du nouveau à de l'ancien, de l'inconnu à du connu.

4. Repérer les habitudes de son cerveau

Repérer comment on mémorise habituellement. Celui qui est visuel retient très peu d'une information orale ; il doit donc traduire les messages en images visuelles pour les enregistrer. Celui qui a besoin d'entendre, lui, ne doit pas hésiter à apprendre en parlant à haute voix (ou en se parlant à lui-même dans sa tête). De même pour celui qui a besoin de bouger.

Donc, traduire l'information en images mentales :

➢ visuelles	si on retient ce que l'on RE-VOIT
➢ auditives	si on retient ce que l'on RE-DIT
➢ corporelles	si on retient en bougeant avec son corps.

Repérer également s'il est nécessaire de surligner les mots-clés, ou encore de faire un conceptogramme (voir p. 49) pour traduire les notions apprises en utilisant des couleurs et des illustrations variées ou encore s'il est préférable de partir d'un exemple pour retenir ou l'inverse.

En conséquence, multiplier les registres : l'idéal est d'associer les différentes mémoires (visuelle et auditive, et tous les autres aspects sensoriels).

Donc : écrire, dessiner, faire des figures, des cartes...

Et surtout essayer d'autres façons de faire.

5. S'entraîner à mémoriser comme on s'entraîne à pratiquer un sport

Toute mémorisation doit être renforcée par des répétitions permanentes. Pour éviter l'oubli, il faut donc réactiver ses connaissances.

On enregistre mieux en plusieurs fois :

• Pendant le cours, on est attentif.

• Le soir même, on reprend l'ensemble du cours. Tout est frais, on complète ce qu'on n'a pas eu le temps de noter. On cherche à comprendre, on repère les manques. On structure le savoir, on le hiérarchise, on surligne les points importants. On ajoute des détails qui l'illustrent. On crée des fiches.

• Une semaine après le cours, ou juste avant le prochain cours dans cette matière, on revoit en quelques minutes ses fiches.

• Une semaine avant l'examen (ou un mois avant, selon la quantité de points et l'importance de l'examen), on reprend l'ensemble. On se remémore le cours avant de consulter ses notes. On revient calmement sur les points que l'on a oubliés ou que l'on ne comprend plus. On met l'accent sur la compréhension d'ensemble. On récapitule la structure du savoir et les points capitaux, éventuellement en les écrivant. Cela permet de vérifier ensuite que l'on n'a rien oublié.

• La veille, on revoit l'ensemble beaucoup plus rapidement (quelques minutes par page ou par fiche). On mémorise les détails.

6. Chouchouter sa mémoire

On retient ce que l'on a oublié et réappris, sous réserve de respecter certaines conditions.

La mémoire a besoin de temps pour « décanter ».

Donc :

• Profiter du sommeil, car le cerveau révise tout seul si des informations ont été engrangées au préalable.

• Faire des pauses ou, mieux, des siestes de 5 à 20 minutes entre deux longs moments de mémorisation.

De plus :

• Varier les types de mémorisation : alterner les moments de répétition mécanique et ceux de réflexion.

• Travailler pendant des séquences courtes et intensives, suivies de multiples réactivations : cela évite la saturation et l'impression de « tout confondre »...

• Alterner les tâches pour éviter la lassitude et se ménager des moments pour décompresser.

• Planifier les révisions, prendre de l'avance : des révisions soigneusement dosées ont un meilleur rendement que d'intenses coups de collier.

7. Se représenter l'utilisation future des données à mémoriser

Imaginer toujours les situations dans lesquelles le savoir sera restitué. Quand on veut mémoriser efficacement, il faut « programmer » son cerveau pour l'usage futur. Quand on révise avec le cours sous les yeux, on peut avoir l'impression de le connaître. Mais, pendant l'interrogation, on n'arrive pas à se rappeler ce qu'on croyait avoir appris. Lorsque l'on a ses notes sous les yeux, les quelques mots aperçus fonctionnent comme des indices pour la mémoire. Ils font revenir l'ensemble du cours à l'esprit. Or, en examen, la mémoire ne disposera pas forcément de ces indices.

Donc :

• Se mettre dans la situation future de devoir le restituer.

• Ne pas seulement apprendre une leçon pour la savoir le jour de l'interrogation, mais aussi pour s'en servir le jour de l'examen ou longtemps après.

Les mécanismes pour retenir et pour restituer un savoir ne sont pas les mêmes.

Donc :

• S'habituer aux deux.

• Vérifier si on est capable de retrouver dans la mémoire ce que l'on a appris. Pour cela, se mettre dans les conditions d'interrogation ou de restitution, et sans regarder ses notes, écrire ou dire ce dont on se souvient sous forme de phrases-clés.

Comprendre comment cela marche

Le cerveau utilise l'ensemble de son cortex pour mémoriser. Pour chaque connaissance, des millions de neurones se mettent en place en réseaux. Certains sont situés dans des zones auditives, d'autres dans des zones visuelles ou kinesthésiques, d'autres encore dans des secteurs qui servent à décrypter les mots.

Plus on mémorise, plus on fait de liens entre les cellules nerveuses – appelées synapses – et entre les réseaux de cellules nerveuses.

Pour retrouver le savoir, il est nécessaire d'avoir des points de départ : une image, du texte, un son associé, etc. Plus vous avez de sensations associées, plus vous retrouverez facilement l'information recherchée.

Le psychoaffectif, la sensibilité et l'émotion sont très importants dans les phénomènes de mémorisation : on mémorise mieux quand on a fait quelque chose qui a plu, par exemple un exposé, un travail de groupe, une recherche personnelle, ou parce que le savoir a du sens pour soi. En fonction de l'intérêt accordé aux informations mémorisées, le cerveau produit des neuromédiateurs. Il s'agit de molécules qui vont se fixer sur les synapses : ils interviennent pour faciliter ou empêcher la mémorisation.

Vrai ou faux ?

Certaines substances peuvent empêcher le cerveau, et donc la mémoire, de bien fonctionner.

VRAI : les drogues ou les neuroleptiques, les anxiolytiques, les antidépresseurs, mais aussi l'alcool. La fatigue ou l'écoute de chansons pendant le travail diminuent aussi son efficacité.

Il existe des médicaments qui augmentent la mémoire.

FAUX. En revanche, manger de façon équilibrée est essentiel pour « nourrir » correctement le cerveau. Et certains aliments, comme le poisson, sont bons pour la mémoire.

Je peux « muscler » ma mémoire.

VRAI. La mémoire n'est pas un muscle, mais vous pouvez grandement l'améliorer :

- Plus on l'utilise, mieux elle fonctionne.
- Plus on l'entraîne, plus on est performant.
- Plus on s'en sert de façon multiple et variée, plus on peut retrouver facilement ce que l'on a mémorisé.

Dans ce but :

• Essayez d'apprendre une même chose de deux manières différentes. Par exemple, en lisant un livre **et** en faisant un schéma, ou en lisant un livre **et** en regardant un documentaire.

• Créez le maximum de liens entre les cours. Par exemple, vous pouvez relier vos cours de français sur les grands auteurs des Lumières et ceux d'histoire sur la Révolution française.

• Pratiquez des activités complémentaires, allez au musée ou regardez des documentaires sur le sujet ou en lien avec lui. Ces activités stimulent le cerveau différemment.

Apprendre par cœur ne sert à rien.

FAUX. Cela peut servir, mais dans certains cas seulement, car nous avons différentes mémoires.

Par exemple :

• La mémoire lexicale : elle stocke la forme sonore et la forme écrite des mots.

• La mémoire sémantique : elle stocke le sens des mots.

Les règles, les formules, le vocabulaire et les dates doivent être appris par cœur. C'est le seul moyen de construire sa mémoire lexicale.

Pour toutes les autres connaissances, comprendre est essentiel pour apprendre. Par exemple, comprendre le plan, l'enchaînement des idées, les démonstrations...

Explication : la mémoire sémantique (celle du sens) est plus résistante que la mémoire lexicale. Plus on analyse profondément ce qu'on apprend, mieux on le retient.

La mémoire sait faire le ménage.

VRAI. La mémoire se recompose toutes les nuits pendant que l'on dort. Pendant le sommeil, le cerveau fait du nettoyage et réorganise les idées. Nombre d'entre elles peuvent se perdre.

Il faut donc réactiver en permanence sa mémoire pour la conserver. C'est d'autant plus rapide qu'on le fait souvent !

Les moyens mnémotechniques marchent-ils vraiment ?

Les moyens mnémotechniques permettent de retenir plus facilement des données ponctuelles, dans la mesure où vous avez compris l'essentiel du message.

Ils sont également utiles pour retrouver plus aisément l'information mise en mémoire et pour pouvoir l'utiliser.

Les meilleurs moyens mnémotechniques sont ceux qu'on se crée soi-même ! Pour retenir un moyen mnémotechnique : l'imaginer dans sa tête en le mettant en images, en mots ou en mouvement.

Les classiques

Mais où est donc Ornicar ? Pour se souvenir des conjonctions de coordination : mais, ou, et, donc, or, ni, car.

Adam part pour Anvers avec cent sous, entre derrière chez Decontre reprend les principales prépositions : à, dans, par, pour, en, vers, avec, sans, sous, entre, derrière, chez, de, contre.

Abaco soutra vanviem recense les mots en « ail » dont le pluriel est en « aux » : ail, bail, corail, soupirail, travail, vantail, vitrail, émail.

Viens mon chou, mon bijou, mon joujou, sur mes genoux et jette des cailloux à ce hibou plein de poux ! Pour les mots en « ou » ayant un pluriel en « oux ».

Le chapeau de la cime est tombé dans l'abîme et celui du boiteux est tombé dans la boîte. Aide à retenir les mots avec ou sans accent circonflexe.

À faire

• Créez vos propres moyens mnémotechniques. Vous les retiendrez encore plus facilement, et pour très longtemps. Avec de l'humour, c'est encore mieux !

• Utilisez-en pour tous les savoirs à enregistrer. Vous pouvez vous créer un classeur de moyens mnémotechniques.

• Révisez-les de temps en temps. Si vous les classez par matière, vous vous y retrouverez plus facilement.

Quelques techniques pour créer ses propres moyens mnémotechniques

Organiser les mots à retenir de telle manière qu'ils forment une phrase

Exemple : « La corneille sur la racine de la bruyère boit l'eau de la fontaine Molière » pour les grands auteurs du XVIIe siècle (Corneille, Racine, La Bruyère, Boileau, La Fontaine et Molière).

Construire une phrase où l'initiale de chaque mot est celle du mot à retenir

Très efficace lorsque l'ordre des mots est important.

Exemple : « Mon voisin très malin a justement situé une neuvième planète » pour les planètes du Système solaire, en partant de la plus proche du Soleil (Mercure, Vénus, Terre, Mars, Jupiter, Saturne, Uranus, Neptune, Pluton).

Construire un mot avec l'initiale ou les deux premières lettres des mots à retenir

Aussi très efficace lorsque l'ordre des mots est important.

Exemple : « MoVoRoDi » pour les quatre grands penseurs des Lumières, du plus vieux au plus jeune (Montesquieu, Voltaire, Rousseau, Diderot).

Transformer les chiffres en mots

Pratique pour se souvenir d'un nombre ou d'une date. Il s'agit de construire une phrase, dont le nombre de lettres de chaque mot indique un chiffre.

Exemple : « Que j'aime à faire connaître ce nombre utile aux sages !... » pour le nombre Pi : 3,141 592 653 5...

Créer des vers

Par exemple, en maths, pour retenir les formules d'un cercle :

La circonférence est fière
D'être égale à $2\pi r$,
Et le cercle bien heureux
D'être égal à πr^2.

Opposer certains mots

Très utile en orthographe, entre autres pour se rappeler quel mot a un accent ou pas. Rapprocher certains mots.

Exemples :

– « L'amande pousse sur un arbre ; l'amende sur un essuie-glace. »

– « Les bonbons m'ont donné de l'embonpoint sans néanmoins me transformer en bonbonne. »

Ce sont les seuls mots qui ne prennent pas la lettre m devant b, m ou p.

Créer une phrase ayant un double sens

Exemples :

– « Les si n'aiment pas les ré. » (Ou « Les scies n'aiment pas les raies. ») Cette phrase indique que le conditionnel (verbes conjugués en -rais, -rait) ne s'utilise jamais après la conjonction si.

– « Tous les membres de la famille ont un accent grave, sauf pépé et mémé » : père, nièce...

AUTRES PRATIQUES POSSIBLES POUR RETENIR

L'analogie

Comparez un nouveau savoir à une image ou à un autre savoir déjà connu.

Le contre-exemple

Utilisez le contre-exemple afin de faire ressortir les traits distinctifs entre différentes informations.

La recréation du contexte

Il est plus facile de se souvenir d'un détail si on se souvient du contexte.

Le dégagement d'un principe

Il est plus efficace de retenir les grandes idées, puis de situer les détails.

Le résumé

S'il y a trop d'informations à retenir, les réduire à l'essentiel en faisant le résumé de ces informations. Cela permet de dégager les idées principales et facilite la compréhension.

L'établissement de catégories

Il est plus facile de se rappeler les informations organisées sous forme de catégories.

Les mots-clés

Choisir des mots sur lesquels on ancre les informations.

Essayez de repérer les stratégies qui marchent pour vous et mémorisez-les pour la prochaine épreuve.

Faites des révisions fréquentes.

IV

Savoir poser et résoudre un problème

On résout les problèmes
qu'on se pose et non les problèmes qui se posent.

HENRI POINCARÉ

Les machines un jour pourront résoudre
tous les problèmes, mais jamais
aucune d'entre elles ne pourra en poser un !

ALBERT EINSTEIN

Savoir résoudre un problème, cela s'apprend ! Certes, quand on pense problème, on pense aux maths, mais les problèmes sont partout. Aussi bien en histoire qu'en économie, en technologie que dans la vie quotidienne. Rédiger une dissertation, écrire un rapport sur un accident peuvent être également d'autres problèmes à résoudre.

Il y a problème lorsqu'on constate qu'une situation est non satisfaisante, qu'il existe un décalage entre la réalité et ce qui est attendu. Dans chacune de ces situations, il est possible d'identifier quelques principes élémentaires à respecter pour se donner un maximum de chances de les résoudre ou du moins de les affronter.

Mais plus difficile que de résoudre un problème, il importe aujourd'hui de savoir le poser. Dans des domaines de plus en plus complexes comme l'économie, la santé ou le développement durable, les problèmes sont multiples et en interaction.

Comment résoudre un problème ?

Comprendre le problème

En premier lieu, il s'agit de comprendre de quoi il est question et par conséquent de bien lire son énoncé. Le simple fait de ne pas bien maîtriser la signification de certains mots empêche le plus souvent de poursuivre le raisonnement.

Quelques questions de base peuvent permettre de vérifier que l'on a bien tout compris.

Exemple en maths :

• Quelles sont les données ?

• Que me demande-t-on ? Quelle est l'inconnue ?

• Quelles sont les conditions ? Est-il possible de satisfaire aux conditions ? Les conditions sont-elles suffisantes pour déterminer l'inconnue. Sont-elles insuffisantes ? Redondantes ? Contradictoires ?

Pourrais-je formuler le problème autrement ?

On peut aussi dessiner un schéma, une figure, un conceptogramme (voir p. 49).

Mettre en place un plan d'attaque

Pour s'assurer d'un maximum de succès, on choisit la stratégie la plus adéquate à suivre. Si elle n'existe pas, il faut l'élaborer. Ainsi, on évite de disperser son esprit en réfléchissant de 36 façons différentes.

Quelques questions de base :

• Avez-vous déjà rencontré ce problème ?

• Avez-vous rencontré le même type de problème sous une forme légèrement différente ?

• Connaissez-vous un problème qui s'y rattache ?

Exemple en maths :

Connaissez-vous un théorème qui puisse être utile ?

Repérez bien l'inconnue et essayez d'évoquer un problème qui vous soit familier et qui ait la même inconnue ou une inconnue similaire.

Reportez-vous aux définitions.

Pourriez-vous changer l'inconnue et/ou les données, de façon que la nouvelle inconnue et les nouvelles données soient plus rapprochées les unes des autres ?

Exemple en économie :

Repérez un problème qui se rattache au vôtre et que vous avez déjà résolu. Pourriez-vous vous en servir ? Pourriez-vous vous servir de son résultat ? Pourriez-vous vous servir de sa méthode de résolution ? Vous faudrait-il introduire un élément auxiliaire quelconque pour pouvoir vous en servir ?

En littérature ou philosophie :

Pourriez-vous énoncer le problème différemment ? Pourriez-vous le formuler sous une autre forme ? Avez-vous tenu compte de toutes les notions essentielles que comportait l'intitulé du problème ? Qu'attend vraiment de vous votre prof ou votre examinateur ?

Astuces

Vérifiez que vous vous êtes bien servi de toutes les données.

Pensez à regarder les questions suivantes. Parfois la réponse à la question précédente y est suggérée !

Mettre la stratégie à exécution

Décidez d'un angle d'attaque et allez-y !

En *mathématiques*, il vous faut démontrer – n'oubliez pas de citer les théorèmes sur lesquels vous vous appuyez – ou appliquer des formules.

En *physique*, il vous faut appliquer des formules – n'oubliez pas de les citer et de dire pourquoi vous avez choisi de les utiliser – et vérifier ensuite leur adéquation au problème posé. Pensez à voir si le résultat est plausible. Quel est son ordre de grandeur ?

En *philosophie*, *littérature* et *histoire*, il vous faut argumenter. En philosophie, l'argumentation repose essentiellement sur les citations des philosophes reconnus. Mais pas question de faire du copier/coller ! Il faut que l'argumentation soit cohérente, avec une progression. S'il s'agit d'un mémoire, n'oubliez pas de mettre toujours les références bibliographiques et si possible la page.

En mettant votre stratégie à exécution, vérifiez chaque argument l'un après l'autre. Pouvez-vous voir clairement s'il est pertinent ? La progression est-elle correcte ?

Nota

Il faut donc savoir faire preuve de patience, ne vous découragez pas ; faites seulement attention au temps lors des examens.

• Relisez ce que vous venez de faire, en considérant ce qui semble fonctionner et ce qui n'a pas marché.

• Pouvez-vous vérifier le raisonnement ?

• Pouvez-vous vérifier le résultat ?

Toutefois, si votre raisonnement ne « marche pas », ne persistez pas trop longtemps, changez de méthode.

Lors des révisions, entraînez-vous à obtenir le résultat différemment. Pouvez-vous vous servir du résultat ou de la méthode pour un autre problème ?

Comment poser un problème ?

Pas évident de poser un problème... Certains s'imposent à nous : « Où est la panne ? Pourquoi ? » Mais, la plupart du temps, les problèmes qui s'imposent à nous sont de faux problèmes ou des problèmes secondaires.

Ainsi, face à la grippe aviaire, vous pouvez vous poser des questions du type :

• Puis-je encore donner du pain aux canards avec mon enfant ?

• Puis-je encore manger du poulet ?

• Mon chat peut-il encore chasser les moineaux sans danger ?

• Dois-je me protéger des pigeons ?

L'important n'est pas là !

Définir le problème par écrit

Rédigez une ou deux phrases concises pour décrire la situation insatisfaisante. Cela vous aidera à avoir les idées claires. Si vous le faites en groupe, cela vous permettra de vous assurer que chacun est d'accord sur la façon de poser le problème.

L'important est de formuler le problème en termes d'insatisfaction ou de faiblesse. Si vous le formulez uniquement en termes positifs, l'esprit s'oriente rapidement vers les actions à entreprendre : les solutions. Or les solutions immédiates sont souvent de « fausses » solutions. La politique en propose tous les jours ! C'est pourquoi il est préférable d'exprimer le problème en termes de faiblesse :

• La France peut-elle se préparer à gérer une épidémie de type grippe aviaire ?

• Quel est le danger réel pour l'homme ?

• Y a-t-il vraiment un risque de pandémie ?

Ainsi, votre esprit s'orientera vers les faits passés ou présents qui correspondent à ce constat de faiblesse et prendra en compte les analyses qui en ont été faites. L'analyse des causes doit précéder la construction de solutions.

Compléter la formulation en indiquant l'objectif poursuivi

Il est nécessaire de poser le problème en se référant à des faits et non pas en exprimant des opinions. Précisez quels sont les faits constatés qui sont concernés par ce problème. Caractérisez la position des personnes concernées par le problème.

Préciser les limites du problème pour agir au bon niveau

Parfois, il convient de décomposer un vaste problème en sous-problèmes bien délimités. Mais, si on agit localement, il faut penser globalement et tenir compte des relations qui peuvent exister entre un problème et des problèmes adjacents.

LES ERREURS FRÉQUENTES QUAND ON POSE UN PROBLÈME

Éviter de donner une solution au départ

On croit souvent poser un problème alors qu'en réalité on donne une solution pas toujours pertinente : « Il faudrait remplacer cette photocopieuse qui tombe souvent en panne. »

Une telle présentation empêche une analyse plus complète qui mettrait en évidence des défaillances dans le choix du type de machine (« Est-elle adaptée aux besoins ? »), dans la manière de l'entretenir ou de l'utiliser.

Un problème n'existe pas en soi, mais pour des personnes que l'on peut situer par rapport au problème

Qui souffre du problème ? Qui le pose ? Qui est chargé de le résoudre ? Qui est décideur ? Qui serait impliqué par la mise en œuvre d'une solution ? Quels sont les points de vue des différentes personnes ?

Un problème peut en cacher un autre, le symptôme n'est pas la maladie !

« Puis-je encore manger du poulet ? » peut devenir « Qu'en est-il des œufs crus ? », « Et la mayonnaise ? », « Et le tiramisu ? »... qui comportent également des œufs crus.

Les autres erreurs les plus fréquentes quand on pose un problème sont les suivantes :

• Choisir un problème trop vaste et peu accessible.

• Mal formuler le problème au départ.

• Aller tout de suite à la solution évidente.

• Retenir une seule idée de cause sans la vérifier.

• Manquer de vigilance dans la mise en œuvre de la solution.

• Confondre « important » et « urgent » : des problèmes peuvent être importants bien que non urgents.

• Confondre « important » et « exceptionnel » : un événement exceptionnel attire l'attention. Parfois spectaculaire, il n'est pas pour autant important par ses conséquences. En revanche, il existe des problèmes chroniques ou permanents qui sont moins spectaculaires et qui peuvent avoir des conséquences importantes.

CAS PRATIQUE : SAVOIR SE POSER LES « BONNES QUESTIONS » POUR SAUVER LA PLANÈTE

Des sujets comme le développement durable sont cruciaux pour l'avenir de la planète. Or, dans ce domaine, on a tendance à mal poser les problèmes.

Ainsi, on donne beaucoup d'informations sur le tri des déchets. C'est très bien... mais le problème n'est pas principalement là. Il est d'abord dans notre gaspillage. On achète beaucoup de gadgets inutiles. On n'exige pas que les produits achetés (machine à laver, automobiles...) durent plus longtemps. À la moindre panne, on les change, alors qu'il serait possible de les réparer. Les emballages prennent une place considérable, notamment dans les cadeaux. On ne réemploie pas, on récupère peu, on commence tout juste à recycler... Autant de points sur lesquels on peut se poser des questions pour faire autrement, c'est-à-dire consommer autrement.

De même en matière d'énergie. On reste polarisé sur le pétrole. Nombre d'énergies autres pourraient être développées. Et l'on pourrait déjà se demander comment favoriser les économies d'énergie au quotidien...

Les sujets concernant le développement durable sont très complexes. Un certain nombre de connaissances sont nécessaires pour pouvoir les comprendre sans trop simplifier. Beaucoup d'idées reçues circulent également sur ces sujets. Il faut donc être capable d'apprendre à penser par soi-même. Autrement dit, avoir un esprit critique.

Pour éviter de subir et pour prendre les bonnes décisions, il faut avoir des connaissances, des savoir-faire et être actif.

Un exemple : le jus d'orange

➢ Le jus d'orange, c'est bon pour nous. Pas si simple...

➢ Il faut d'abord cultiver les oranges, généralement en Amérique du Sud. Des pesticides et des engrais chimiques sont souvent utilisés. Ils s'introduisent dans les oranges et se déversent dans les nappes phréatiques. Ils ont donc un impact sur l'environnement, sur la santé des cultivateurs et sur la nôtre. De plus, ces populations travaillent pour un salaire dérisoire.

➢ Les oranges sont ensuite transformées en jus. Puis ce jus est concentré, ce qui consomme de l'énergie.

➢ Le jus d'orange concentré est alors transporté en Europe dans des tankers réfrigérés, puis dilué de nouveau, mis en bouteilles ou en packs (qu'il faut fabriquer) et véhiculé vers les points de vente ! Enfin, il faut les vendre, ce qui nécessite beaucoup de publicité, donc du papier...

➢ Ces transports et la fabrication des bouteilles consomment de l'énergie, polluent l'atmosphère et produisent des déchets (par exemple les cartons dans lesquels sont transportées les bouteilles).

➢ Enfin, le jus d'orange bu, le pack vient grossir nos poubelles, et coûtera cher à détruire ou à recycler. Et ces deux procédés pollueront air et eau, et nécessiteront encore de l'énergie.

Conclusion

1 litre de jus d'orange en bouteille = 22 litres d'eau polluée, 4 kg de déchets, 1 m^3 de terre stérilisée.

Or, chaque Européen en consomme 21 litres par an en moyenne. Et nous sommes 450 millions d'habitants rien que dans l'Union européenne !

Comment construire un conceptogramme ?

Un conceptogramme est un outil qui facilite la mise en problèmes et aide à repérer les liens. Il situe et hiérarchise les questions.

1. Placer dans une bulle le thème (ou idée principale) du problème ; ce peut être un mot, seul ou accompagné de quelques lignes de précision.

2. Disposer autour de la bulle-amorce (qui peut être placée au centre ou en divers endroits de la page) des bulles périphériques qui renferment les idées secondaires, puis tertiaires... toujours en liaison avec votre problème.

3. Relier la bulle centrale et les bulles périphériques par des relations logiques. À leur tour, ces liens sont explicités par quelques mots. Attention : ne surchargez pas les bulles ou les relations avec trop de texte !

Exemple de problèmes liés au jus d'orange :

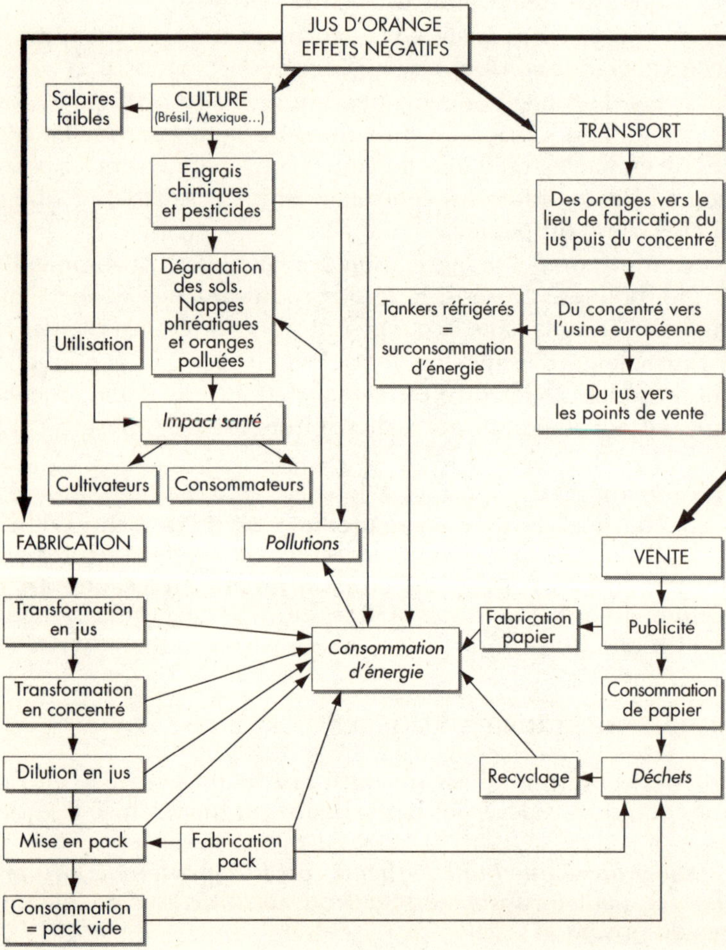

Ces opérations vous permettent progressivement :

• de mettre à plat les éléments de votre problème ;

• de les hiérarchiser – certains apparaîtront essentiels, d'autres, secondaires ;

• puis d'analyser la cohérence du contenu, les articulations entre ces idées.

Sur le plan pratique, un système de conventions – carrés, ovales, ronds avec ou sans ombre – peut être utilisé pour rendre lisible votre mise en problèmes.

Nota

Vous pouvez faire ces conceptogrammes :

• Sur papier. Utilisez de préférence un crayon papier et une gomme. Il n'est pas facile de réussir du premier coup un conceptogramme lisible.

• Par informatique. Nombre de logiciels, à commencer par Word, le permettent.

Vous pouvez également utiliser cet outil pour prendre des notes (voir p. 62).

Comment rechercher des solutions en situations complexes ?

Résoudre un problème permet de traiter des questions simples, comme les problèmes de mathématiques, de physique ou de littérature. Dès que l'on aborde les questions complexes, il faut mettre en place une « pragmatique ».

Cette démarche conduit à clarifier en premier la situation. Elle permet de poser les différents problèmes, du moins de tenter de les formuler pour donner prise à une ou plusieurs investigations. En termes plus simples, il s'agit de voir pour chacun d'eux de quoi il retourne. Cela nécessite de distinguer l'essentiel de l'occasionnel, d'envisager les différentes dimensions de la situation et de préciser les enjeux.

Ensuite, l'investigation proprement dite peut commencer.

1. Clarifier la situation pour poser le problème (voir p. 46).

2. Rechercher des modèles. Analysez les causes principales et secondaires de chacun des problèmes. Nous savons qu'elles sont multiples et en interaction. Il faut alors les hiérarchiser, mettre en avant leurs relations et les structurer dans le cadre d'un système à préciser (les personnes, le lieu – ville, région, biosphère –, les flux – énergie, matière, informations –, etc.).

3. Inventer des solutions alternatives. Cette démarche, que nous nommons « pragmatique », se conçoit d'entrée comme une forme de pensée qui intègre l'action, notamment par la recherche de solutions de remplacement. Du moins, ce sont des « optimums » à rechercher sur le court et le moyen terme. Dans tous les cas, il ne s'agit pas d'avancer vers une solution idéale qui serait utopique, mais de faire des prévisions et d'envisager des possibles.

4. Penser la mise en place du changement : identifier en premier les obstacles, les résistances aux changements. Les solutions demandent à être inscrites dans la réalité. Tout changement est perturbateur. Les meilleures réponses sur le papier ne le sont pas forcément sur le terrain. Les entraves sont toujours sous-estimées : avantages acquis, habitudes de vie, gestion administrative, réglementations de tous ordres, habitudes ou peur du changement, etc.

Une recherche de compensations satisfaisantes pour préserver les intérêts particuliers, afin de faire accepter les changements, est à entreprendre. Plusieurs scénarios peuvent être conçus en parallèle.

5. Mettre en place un processus de régulation permanent. Il est difficile de réussir du premier coup. Il faut en permanence mettre en place une régulation du changement. Les données, les règles du jeu évoluent de jour en jour. L'important est la régulation des problèmes plus que la réponse, qui ne peut être que conjoncturelle. Ceci implique sur le plan pratique une série de phases mutuellement régulées.

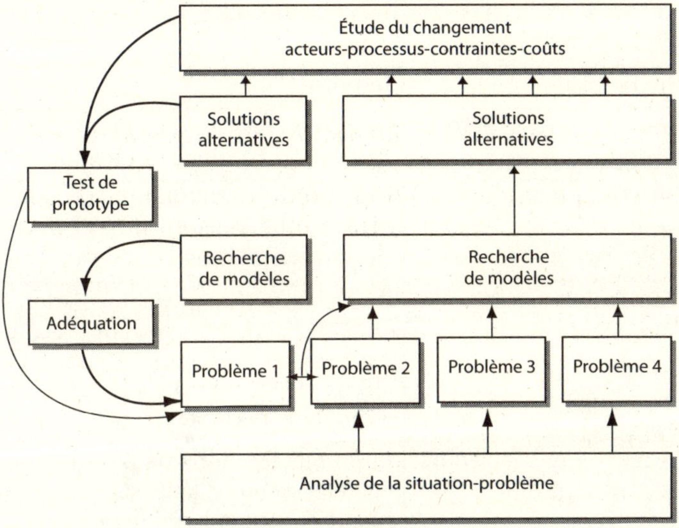

Exemple : quels sont les problèmes liés à la voiture, de sa fabrication à sa destruction ?

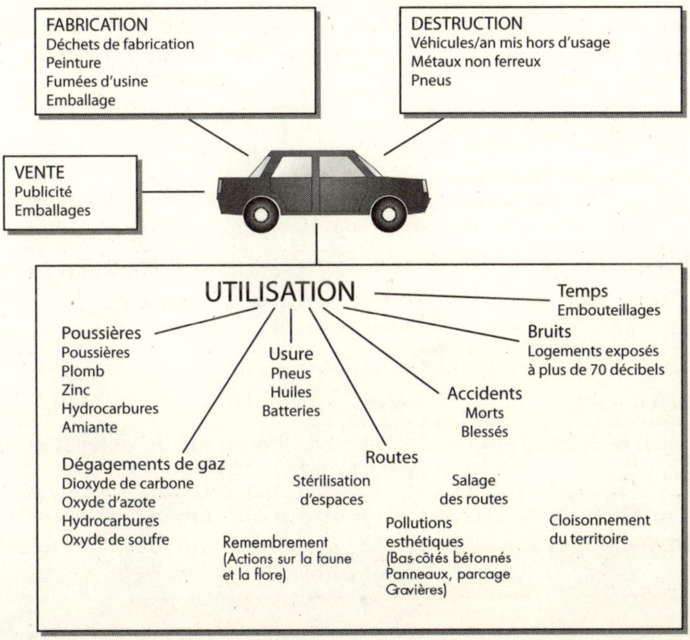

Et si vous traitiez les problèmes qui se posent à vous ?

Je me connais	Je tente
Je suis en retard le matin.	Je prépare mes affaires la veille et je mets mon réveil 10 minutes plus tôt.
J'oublie tout le temps mes affaires.	J'établis la liste des documents et du matériel à emporter par matière. Je l'affiche sur mon bureau.
Je n'ai jamais sous la main de quoi m'avancer.	J'anticipe les heures de formation. Si j'ai un moment de libre, je relis les cours. J'ai toujours un livre en plus dans mon sac. Mieux, je décide de travailler avec un ordinateur portable.
J'ai beau relire mes cours, ça ne rentre pas.	Je prends le temps de faire exister dans ma tête, en mots, en gestes ou en images, ce que j'ai entendu ou lu au cours ou à la médiathèque.
Je ne comprends pas ce qui est demandé.	Je prends le temps de bien décoder les consignes.
J'ai appris mon cours et pourtant j'ai eu une mauvaise note.	Je vérifie lors des révisions que je suis capable d'utiliser ce que j'ai appris.
Je fais souvent les mêmes erreurs.	J'apprends à analyser mes erreurs.
J'ai du mal à me concentrer.	J'utilise les 30 secondes (voir p. 84).
Je n'arrive pas à prendre des notes et à écouter en même temps.	Je note l'essentiel et j'utilise des abréviations. J'utilise un petit magnétophone pour compléter le soir.
Je suis stressé, je redoute d'aller en cours.	J'essaie de comprendre et de gérer mon stress (voir p. 101).
Je n'ai pas envie d'aller en cours.	Je cherche pourquoi. Je détermine mon projet (voir p. 24).
J'ai l'impression de passer tout mon temps à travailler.	J'organise mon emploi du temps (voir p. 88) pour dégager des moments de temps libre.

V

Savoir maîtriser l'information

Bien informés, les hommes sont des citoyens ;
Mal informés, ils deviennent des sujets.

ALFRED SAUVY

Avec le développement des nouveaux médias, et du fait de l'usage quotidien d'Internet, apprendre à maîtriser l'information devient un formidable enjeu. Il faut savoir s'orienter dans « l'océan » de l'information. Le traitement de celle-ci est appelé à devenir, dans la prochaine décennie, un apprentissage fondamental.

La question actuelle n'est plus le manque de données, mais son trop-plein ! Comment s'en sortir ?

Sept compétences de base sont à acquérir

– Savoir préciser l'information dont on a besoin.
– Savoir où et comment la trouver, c'est-à-dire savoir identifier les sources.
– Savoir sélectionner de manière pertinente les documents que l'on souhaite retenir.
– Savoir lire, si possible rapidement, et comprendre.
– Savoir extraire l'information essentielle, en d'autres termes savoir prendre des notes.
– Savoir évaluer un document et faire l'analyse critique de son contenu.
– Savoir mettre en perspective l'information proposée.

Quelles étapes pour traiter l'information ?

Pour éviter de se perdre dans cette immense mer de données, il faut :

1 – Cerner le sujet ;
2 – Rechercher l'information pertinente ;
3 – Sélectionner les documents ;
4 – Prélever de l'information ;
5 – Traiter l'information pour la communiquer.

Concrètement, cela signifie une série d'étapes.

Étape 1 : Cerner le sujet

– Choix du sujet : quelle(s) question(s) je cherche à traiter ?

– Clarifier ses idées : qu'est-ce que je sais déjà ? Qu'est-ce que j'aimerais savoir ?

– Le plan de travail : que dois-je faire ? Je définis le problème et j'identifie les besoins en information.

Étape 2 : Rechercher l'information pertinente

– Les sources : quelles sources vais-je utiliser ?

– Les lieux : où dois-je aller ?

- chez moi, dans ma documentation
- dans une bibliothèque, une médiathèque
- au CDI (centre documentaire et d'information)
- sur Internet

– Les mots-clés : lesquels vont m'aider à chercher (sur Internet ou dans un sommaire, par exemple) ?

Étape 3 : Sélectionner les documents

– L'approche : comment puis-je trouver l'information ?

Il m'en manque : quels autres mots-clés mettre pour accéder aux informations sur Internet ? (voir p. 60) pour accéder aux références dans une bibliothèque ?

J'en ai trop : comment vais-je...

- Sélectionner les documents ?
- Classer les documents ?
- Référencer les documents ?

– La pertinence : qui me fournit l'information ? Est-ce une source valable ou est-ce de la publicité ? de la désinformation ? L'information a-t-elle été validée ? Par qui ?

Étape 4 : Prélever de l'information

Que faut-il que je note ? Comment ? Pour en faire quoi ?

– Je fais un résumé.
– Je prends des notes.
– Je choisis les illustrations.

Étape 5 : Traiter l'information pour la communiquer

Ai-je l'information dont j'ai besoin ? Comment vais-je la présenter ?

– Je fais un plan de rédaction.
– J'organise une présentation.

En résumé

Je « problématise ». Je clarifie, par une ou plusieurs questions, ce que je veux chercher.

Je me documente. Pour cela, je recherche l'information, la trie, la valide. Bien sûr, à toutes ces étapes, je lis l'information. Il me faut avoir pour cela des moyens de lecture rapide.

J'argumente pour la traiter et la communiquer.

Parcours dans la documentation

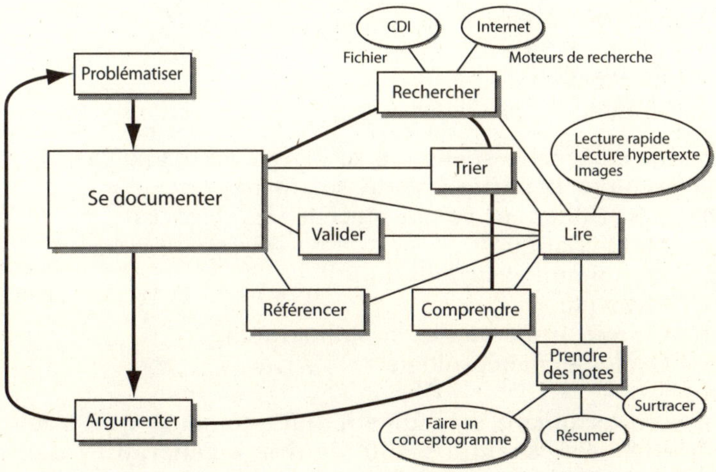

COMMENT RECHERCHER UNE INFORMATION ? (note : ce chapitre est surtout utile pour les étudiants après le bac)

Il vous faut savoir utiliser les outils d'accès à l'information et leurs clefs d'entrée.

Savoir interroger la base de données d'un lieu

1. Vous avez déjà la référence d'un livre ou d'un article.

Dans un centre de documentation, dans une bibliothèque, il vous faut alors localiser les documents. Ils sont classés par grands domaines de 0 à 9 : c'est la cote (classification décimale universelle), une sorte d'adresse qui permet de les retrouver sur un rayon ou une étagère.

Ce code répartit les connaissances humaines en neuf catégories, notées de 1 à 9, le 0 étant réservé aux généralités.

0 – Généralités
1 – Philosophie et psychologie
2 – Religions
3 – Sciences sociales
4 – Provisoirement inoccupée (auparavant consacrée à la linguistique)
5 – Sciences
6 – Techniques
7 – Arts, loisirs et sports
8 – Littérature et langues
9 – Géographie et histoire

Chaque catégorie est elle-même divisée en dix parties.
Par exemple, la partie 5 se divise ainsi :
50 – Généralités sur ce qui précède (les sciences)
51 – Mathématiques
52 – Astronomie, astrophysique
53 – Physique
54 – Chimie, minéralogie, cristallographie
55 – Géologie, météorologie
etc.
Un zéro terminant un indice indique toujours qu'il s'agit de généralités. Par exemple, 530 signifie « généralités dans le domaine de la physique ».

2. Si vous n'avez pas la référence, vous devez trouver les bons mots-clés pour les mettre dans la base de données.

Suivre l'actualité, c'est être au courant de l'information tous les jours

7 bonnes raisons de suivre l'actualité

1. Développer sa curiosité et son ouverture d'esprit.
2. Développer son esprit critique, savoir se faire son opinion.
3. Mettre à jour ses connaissances et ses manuels.
4. Trouver des exemples pour ses exposés, ses projets.
5. Améliorer son expression écrite, notamment en augmentant son vocabulaire.
6. Passer d'un sujet à un autre, très différent, en quelques minutes.
7. Vivre dans son époque, en la comprenant.

L'actualité fait le lien entre la formation et la vie

L'actualité permet de se rendre compte que ce que l'on apprend peut être utile, et d'utiliser ses connaissances.

Par exemple, les pourcentages, étudiés en maths, sont employés dans beaucoup d'articles en matière d'élections, de chômage ou d'économie.

À l'inverse, on peut se servir de l'actualité dans ses cours.

Quand actualité et études se rencontrent

La presse aborde très souvent des sujets liés au programme. Par exemple, elle parle beaucoup du clonage, de pétrole ou encore de l'Inde et de la Chine. Lire la presse vous permet donc de récolter des informations et de mieux comprendre vos cours. Par exemple, les journaux quotidiens du Groupe Play Bac (www.playbacpresse.com), adaptés à chaque tranche d'âge, font le lien entre les événements de l'actualité et les savoirs utiles pour les élèves.

De même, lire régulièrement la presse permet d'améliorer son expression et son orthographe, particulièrement utiles en français. Un conseil : pour améliorer son vocabulaire, on peut se créer son dictionnaire personnel, avec les termes rencontrés.

Cela habitue également à savoir prélever de l'information dans un texte. Et les nombreux pourcentages et graphiques permettent d'être plus à l'aise en maths.

Comment décoder les informations journalistiques ?

Il existe différents genres journalistiques. L'information peut être :

- rapportée (interview, reportage) ;
- expliquée (analyse, enquête) ;
- commentée (éditorial, revue de presse).

Il est alors important de distinguer les faits des opinions, de repérer qui donne l'information. Pourquoi ? Pourquoi à ce moment-là ? Y a-t-il des enjeux particuliers ? Puis-je faire confiance à celui qui me la donne ? Attention à la désinformation ! Quels sont les liens éventuels de cette personne avec telle entreprise ou tel parti politique ?

L'information peut aussi être non journalistique, comme le publireportage. Il s'agit de publicité présentée sous forme de reportage. La mention « publireportage » doit être alors clairement indiquée.

De même, les blogs personnels prennent une place de plus en plus considérable. Les informations qui y sont données sont toujours à prendre avec précaution.

Comment rechercher de l'information sur Internet ?

Les dix règles d'or de la « bonne recherche sur le Web » :

1. Savoir se poser les bonnes questions : sujet précis, type de recherche et objectifs.

2. Maîtriser les outils de navigation et de recherche : navigateur, moteur de recherche, gestion des signets. Pour les navigateurs, choisissez entre Internet Explorer, Netscape, Safari ou Fox Mozilla. Pour les moteurs, utilisez-en au moins deux ayant des approches différentes et complémentaires. Les plus connus sont Google et Yahoo, mais ne négligez pas Alta Vista.

3. Trouver de bons points de repère : annuaires, portails et « sites compétents » dans un domaine.

Une adresse fiable qui renvoie directement au sujet d'une recherche constitue un bon point de départ, car l'administrateur d'un bon site est généralement au courant de l'existence des autres sites de la spécialité. Il sélectionne les meilleures références et les commente parfois. Il passe du temps sur le réseau dans son domaine de compétence. Il met en jeu son expertise.

Complétez avec les sources originales.

Trouvez les répertoires et « métapages » spécialisés.

Utilisez éventuellement l'encyclopédie Wikipédia, mais n'en restez pas là...

4. Toujours analyser l'information : recouper l'information en permanence, faire preuve d'esprit critique. Évaluez rapidement l'intérêt de l'information repérée. Ayez le réflexe critique, ne prenez jamais pour argent comptant ce qui vous est proposé.

5. Utiliser, en cours de recherche, son carnet d'adresses pour garder trace des pages ou sites intéressants, même s'ils sont momentanément hors sujet.

6. Savoir se limiter dans le temps. Ne vous rendez pas esclave d'une recherche d'exhaustivité à tout prix. Ne vous obstinez pas en vain. Fixez-vous à l'avance un temps de consultation.

7. Choisir les bons mots-clés. (voir p. 56)

8. Rester clair sur ses objectifs, sa stratégie et ses critères de choix établis auparavant pour ne pas se noyer dans « l'hyperchoix ».

Souvenez-vous en permanence qu'il n'existe pas de méthode infaillible, et que chercher l'information sur Internet, c'est avant tout un état d'esprit. Ainsi, si vous cherchez le premier producteur de statistiques en Irlande, commencez sans trop de risques d'erreurs par faire l'hypothèse que l'INSEE, dont c'est le métier en France, propose des liens vers ses homologues européens.

9. Conjuguer harmonieusement la recherche dans les outils classiques – presse et actualité – et la navigation hypertexte sur le Web. N'oubliez pas que vous pouvez déjà avoir l'information chez vous. D'ailleurs, organisez-vous une série de dossiers dans lesquels vous pouvez mettre l'information papier et l'information Web. Un bon réflexe est de commencer sa recherche dans le dictionnaire !

10. Être « agile » dans sa tête : développer une lecture rapide ; lancer plusieurs recherches à la fois ; savoir rebondir d'une information à l'autre, d'un outil à l'autre, d'un article à une institution.

L'actualité sur Internet

Internet peut servir à se tenir au courant de l'actualité. Vous pouvez, par exemple, consulter :

• La rubrique « Actualités » de Google. Vous avez même la possibilité d'y lire des articles de journaux en langue étrangère.

• Les sites des médias (télévision, radio et presse) : tf1.fr, france2.fr, europe1.fr, france-info.fr, lemonde.fr, liberation.fr... Leur accès est gratuit, sauf pour les archives.

Vous pouvez également télécharger certaines émissions sur votre lecteur MP3 pour les écouter lors de vos déplacements.

Prendre des notes : pourquoi ? comment ?

À quoi ça sert ?

• C'est utile pour dégager l'essentiel lors d'une recherche d'information ou lors d'un cours.

• C'est plus rapide que de tout écrire mot à mot.

• Comme il faut structurer l'information, la synthétiser, le cerveau travaille déjà à comprendre et à mémoriser cette information. L'apprendre sera ensuite plus facile.

• C'est un bon moyen de se concentrer. Car, quand on prend des notes, il n'est pas possible de se contenter d'écouter sans comprendre ce que dit le prof, comme quand on note mot à mot.

Prendre des notes est une question d'habitude

Au début, prendre des notes n'est pas facile. Cela demande un entraînement.

Avant de prendre des notes, il faut se demander pourquoi :

• Est-ce pour avoir un cours complet pour l'examen ?

• Est-ce pour monter un projet ou pour déboucher sur une production ?

On ne prend pas des notes de la même façon suivant les situations.

Prendre des notes pour un examen

Faire ressortir le plan

Conseil : utilisez des couleurs, des façons de numéroter et de souligner différentes selon le niveau de titre.

Aérer sa feuille

Sautez des lignes entre les paragraphes, laisser une marge... Il est ensuite plus facile de se relire et de faire des ajouts en cas de besoin.

Signaler les notions importantes à retenir

Utiliser des abréviations pour écrire plus vite

Synthétiser

C'est-à-dire reformulez de façon plus courte, sans perdre d'informations.

Noter impérativement ce qui doit être su par cœur

Plan, définitions, dates, chiffres, formules, noms, citations, idées principales...

Noter les principaux mots de liaison

Sinon vous pouvez perdre le sens de la phrase. En voilà quelques-uns : cependant, car, après, à cause de...

Noter les explications et les démonstrations

Elles permettent de comprendre le cours en le reprenant chez soi.

Prendre des notes pour un projet

Préparez une série de feuilles en fonction du plan.

Notez les idées que vous trouvez dans les documents en fonction du plan préparé.

Surlignez les points importants, faites des liens entre les idées en fonction de votre projet.

Si votre école le permet :

• N'hésitez pas, si le cours ou l'exposé est dense ou complexe, à l'enregistrer. Vous pourrez revenir sur les points importants ou ceux que vous n'avez pas compris. Ne réécoutez pas tout, sauf si vous n'avez rien compris, cela vous prendrait trop de temps. Une heure d'enregistrement demande en moyenne trois heures d'écoute et de décryptage.

• N'hésitez pas non plus à prendre des notes directement à l'ordinateur. Mais cela demande de s'être entraîné à taper rapidement, se repérer et se déplacer dans les pages et parties de pages.

Quelques conseils pour prendre des notes

• Sortez votre matériel en arrivant : vous serez prêt quand votre prof commencera.

• Inventez-vous un code de couleurs pour surtracer ou surligner les parties et sous-parties :

– exemple : rouge, orange, bleu, vert par ordre d'importance pour les titres et sous-titres ;

– conserver le jaune pour surtracer les phrases, les formules, les termes importants.

• Inventez-vous également une disposition d'écriture pour que les pages soient organisées toujours de la même façon.

• N'hésitez pas à mettre du blanc correcteur plutôt que de faire des ratures.

• Si vous utilisez des feuilles, rangez-les immédiatement dans un classeur pour ne pas les mélanger. Vous pouvez les numéroter.

• Relisez vos notes le soir même. Profitez-en pour :

– vérifier que vous comprenez ce que vous avez écrit (lisibilité et sens) ;

– compléter ce qui vous manque ;

– faire ressortir l'essentiel.

À ne pas faire

• Ne suivez pas sur votre voisin. Si vous avez perdu le fil du cours, laissez de la place pour pouvoir compléter plus tard. Reprenez le cours où il en est.

• N'écrivez pas ce que le prof dit, au mot près. Sauf s'il l'exige.

• N'écrivez pas mal : vous devez pouvoir vous relire sans problème plus tard.

• Ne vous asseyez pas dans le fond de la classe. Surtout si vous avez des problèmes pour voir, entendre ou vous concentrer.

• Et, bien sûr, n'arrivez pas fatigué à vos cours.

Réinvestir et faire fructifier ses apprentissages

La majeure partie des connaissances que vous emmagasinez ne vous semblent utilisables que dans le contexte même de leur apprentissage, autrement dit à l'école et dans la même discipline. Dans un contexte différent, face à un autre apprentissage, l'élève, l'étudiant se comporte fréquemment comme si rien n'avait été appris. Ainsi, vous avez du mal à utiliser les fonctions étudiées en mathématiques dans un problème de physique ou à faire un graphe en économie quand celui-ci a été vu en mathématiques. Il faut que le professeur fasse au moins une fois le transfert pour que vous parveniez ensuite à l'appliquer. Alors vous en servir dans votre vie quotidienne...

Pourtant, le savoir a un sens en dehors de l'examen. Son intérêt se révèle quand il permet de résoudre des questions hors de la scolarité. On parle de « mobilisation ». Toutefois, mobiliser un savoir, ce n'est pas seulement l'utiliser ou l'appliquer : c'est également l'adapter, le différencier, le généraliser, éventuellement le combiner, le coordonner avec d'autres pour poser des problèmes et tenter de les résoudre. Il participe alors d'une culture.

Actuellement, la question de la mobilisation est peu envisagée au collège ou au lycée. En mathématiques, en physique, l'élève ou l'étudiant est systématiquement interrogé sur les mêmes problèmes. On change seulement leur formulation et leurs données. La même question se pose si on fait des études d'histoire, de géographie ou de philosophie. C'est une chance pour le baccalauréat ou pour les examens universitaires ! Mais ensuite, c'est un véritable drame ainsi qu'une perte de temps et de compétences : à chaque niveau, il faut tout réapprendre.

Dans la vie professionnelle, on est alors bien démuni. Et même si Internet permet de « sauver les meubles », il faut en permanence rechercher les mêmes données parce qu'on les a oubliées – d'autant qu'on a parfois oublié aussi les démarches pour les retrouver ou les interpréter.

Même si cela ne vous est pas encore demandé dans le cadre d'examens traditionnels, anticipez en prévision de votre vie professionnelle ou citoyenne : préparez-vous à conserver ou à retrouver facilement les savoirs appris. Plusieurs démarches peuvent vous faciliter la vie.

1. Les fiches de synthèse

Les fiches de synthèse sont un outil très utile pour les révisions de vos prochains concours. Certaines sont disponibles toutes faites sur Internet, mais il est important que vous les rédigiez vous-même : cela facilite la mémorisation sur la durée. Ces fiches vont constituer un corpus sur lequel vous pourrez revenir dans la suite de vos études et plus tard.

Il s'agit, à partir de la lecture d'un livre ou d'un ensemble de cours, de créer une fiche qui contient l'essentiel d'une pensée ou d'un contenu. Vous pourrez y revenir à volonté pour préparer des épreuves ultérieures.

Voici une fiche rédigée en terminale, mais qui peut servir ensuite pour d'éventuels concours administratifs.

> Fiche de synthèse en date du ...
> André Comte-Sponville, *Présentation de la philosophie*, 2002[1]
> *Qu'est-ce que la philosophie selon André Comte-Sponville ?*
> *C'est : une réflexion sur les savoirs disponibles.*
> *> ne s'apprend pas (au sens classique).*
> *Alors comment philosopher ?*
> *– en s'ouvrant à soi, aux autres, au monde ;*
> *– en lisant les autres philosophes ;*
> *– en s'interrogeant.*
> *C'est une démarche personnelle = personne ne peut philosopher à notre place*
> *Elle est directement liée à la vie = dimension constitutive de l'existence humaine.*
> *Mais pour philosopher il faut être doué de vie et de raison.*
> *Pourquoi philosopher ? il le faut car :*
> *– besoin de réflexion ;*
> *– notre niveau de connaissance actuel ne suffit pas ;*
> *– nous concerne tous.*
>
> *Quand peut-on raisonner ou vivre sans philosopher ?*
> *– en sciences ;*
> *– par bêtise ;*
> *– par passion.*
> *Qu'est ce que la philosophie ? Penser sa vie et vivre sa pensée – Interroger.*

2. Les fiches de formules, de dates, de productions, de systèmes ou d'organisations

Vous pouvez faire de même pour les :
– formules de mathématiques, de physique, de chimie ;
– dates en histoire ;
– productions en géographie ou en économie (par exemple des fiches par pays accompagnées de cartes) ;
– systèmes ou organisations en biologie ou en technologie.

1. À partir de concours-fonction-publique.publidia.fr/actualites/pratique/fiche-de-synthese

Elles peuvent également servir de pense-bêtes précieux pour vos préparations ultérieures. Vous pouvez facilement trouver des modèles sur des sites Internet[1].

En fonction de vos études ultérieures, vous pouvez organiser des classeurs qui vous serviront de références.

Avec le développement de l'informatique y compris dans les milieux scolaire et universitaire, envisagez plutôt des dossiers numériques. Vous pourrez ainsi compléter, enrichir et actualiser vos fiches au fur et à mesure de vos études sans avoir à les refaire.

Vous pouvez également utiliser des applications comme Pearltrees pour mettre en lien vos diverses données. Elles vous permettront de les retrouver très facilement, notamment grâce aux mots-clefs. Ces services permettent d'organiser, d'explorer et de conserver des pages, des notes, des photos ou des fichiers. Vous pourrez également les partager avec vos collègues ; Pearltrees fait office d'agrégateur de contenu mais aussi de moteur de recherche communautaire.

3. Traiter des questions complexes

Par le biais des TPE dans le secondaire ou de travaux transversaux dans le supérieur, l'élève ou l'étudiant peut être confronté à des situations complexes authentiques. On parle de QSV (Questions Socialement Vives), qui font l'objet de controverses dans les savoirs de référence (scientifiques, professionnels ou sociaux). Ces questions interrogent un contexte et des valeurs en complément des connaissances (scientifiques, sociales, historiques...).

L'élève ou l'étudiant doit :

– prendre en compte les differents domaines de savoir et les recroiser ;

– les mobiliser tout en restant critique, notamment en identifiant l'impact des méthodologies et des indicateurs choisis ou en identifiant des incertitudes ;

– repérer des besoins de recherches complémentaires.

La recherche d'arguments, la modélisation de solutions optimales sont fondées sur des savoirs scientifiques (plus ou moins stabilisés), appartenant à plusieurs champs des sciences de la nature et des humanités, car ces questions sont non seulement

---

1. Par exemple http://histoiregeo72.canalblog.com/archives/2014/11/07/30912425.html ou http://xmaths.free.fr/revisions/ts/fiches/complexes2a.htm

interdisciplinaires, mais aussi fondées sur des savoirs et des pratiques sociales et professionnelles.

L'authenticité de ces situations favorise la mobilisation des savoirs des élèves hors du champ de leur élaboration scolaire. Elle développe une certaine forme de rationalité critique, ainsi que l'« *empowerment*[1] » des étudiants pour gérer leurs choix et leurs actions.

1. L'*empowerment* est la capacité des individus ou des groupes à agir de façon autonome sur les conditions sociales, économiques, politiques ou écologiques qu'ils rencontrent.

VI

Savoir « vendre » ses idées

Ce que l'on conçoit bien s'énonce clairement
Et les mots pour le dire arrivent aisément.

BOILEAU

Un bon croquis vaut mieux qu'un long discours.

NAPOLÉON

Savoir « vendre » ses idées peut paraître un titre surprenant en matière d'éducation. Pourtant, réussir ses études, c'est savoir faire apprécier ses compétences, et pour cela, il faut savoir s'exprimer et surtout argumenter.

À l'écrit, il est nécessaire de savoir présenter un travail et le rédiger correctement. Comment écrire un rapport, un mémoire, une note, un compte-rendu, une dissertation ?

À l'oral, savoir exposer devient indispensable. C'est une capacité des plus cruciales dans nombre de professions. L'usage des technologies de l'image (réalisation d'un site personnel, diaporama type PowerPoint, etc.) rend cette aptitude encore plus nécessaire.

Dans les deux cas, comment rendre les arguments pertinents pour convaincre ?

COMMENT RÉDIGER CORRECTEMENT ?

Un texte cohérent est un texte dans lequel les idées s'enchaînent de façon logique sans ambiguïté. Pour cela, il vous faut :

1. Bien cerner le problème

Interrogez-vous sur ce que vous voulez montrer ou prouver. En d'autres termes, clarifiez la manière de formuler votre question et les objectifs à atteindre. Précisez bien à qui vous destinez cet écrit et les contraintes : nombre de pages (voir p. 73), temps à disposition...

2. Se documenter

Cela vous permettra de faire l'état de la question, c'est-à-dire l'état du savoir avant votre travail personnel.

Pour éviter d'être débordé par les informations, faites une sélection selon des critères liés aux objectifs du travail.

3. Élaborer un plan de travail

Grâce à cela, vous optimiserez une rédaction. Le temps consacré à l'élaboration d'un plan est vite gagné ultérieurement. Il comporte en parallèle un calendrier avec des échéances.

Exemples :

Pour un travail de diplôme : deux semaines par chapitre, dont une semaine pour la lecture, trois jours pour la rédaction.

Pour une dissertation : prévoyez une demi-journée par partie et une pour la rédaction finale.

4. Élaborer le plan

Traditionnellement, l'ossature d'un rapport littéraire se compose de 4 parties distinctes :

1) Introduction
2) Développement, éventuellement en deux parties
3) Conclusion
4) Annexes

Pour une publication scientifique, le plan est le suivant (voir p. 72) :

1) Introduction
2) Matériel et méthodes
3) Résultats
4) Discussion
5) Conclusion

5. Rédiger

Soignez autant la forme que le fond. Vous ne pouvez pas sacrifier la qualité de l'expression sous prétexte que c'est le fond qui compte. Car :

– Les deux sont liés. Par exemple, remplacer « et » par « est » change le sens de la phrase.

– Si le lecteur ou l'évaluateur doit faire de gros efforts pour comprendre, il sera moins attentif au contenu. N'oubliez pas que votre correcteur peut avoir 200 copies à corriger. Facilitez-lui la tâche, il vous en saura gré !

Conseils de rédaction :

• Soignez l'introduction et la conclusion. Avec une bonne introduction, vous donnez au correcteur une bonne première impression, qui a beaucoup de chances de durer ! Avec une bonne conclusion, vous lui donnez une bonne dernière impression, juste avant qu'il ne mette sa note !

• Mieux vaut faire des phrases simples (sujet-verbe-complément) mais correctes, que des phrases longues et fautives.

• Les fautes d'orthographe sont à bannir pour arrêter de perdre des points bêtement. Ne pas faire de fautes montre à votre correcteur que vous avez de la rigueur (et aussi du respect pour lui !).

• Pour les rédactions d'économie, d'histoire-géographie, rédigez au présent ou au passé, jamais au futur.

• Pour les rédactions de philosophie, veillez à faire apparaître l'enchaînement logique de votre raisonnement, comme vous le feriez en mathématiques !

• Nuancez toujours vos propos. Rien n'est jamais tout noir ou tout blanc.

• Pas de « je pense que... » ! Pas de jugement ! Sauf lorsque c'est clairement demandé.

Pensez à votre lecteur !
Donnez-lui envie de vous lire !

Qui est-il ?
Qu'attend-il de moi ?
Que veut-il absolument voir dans mon travail ?
Que ne veut-il surtout pas y voir ?
À quoi est-il sensible ?
Comment puis-je éviter de l'indisposer ?
...

COMMENT RÉDIGER UNE PUBLICATION SCIENTIFIQUE ?

Chaque type de texte a ses rituels. Tenez-en compte !

Les publications scientifiques sont stéréotypées de la manière suivante :

1. L'introduction

Présentez en peu de lignes mais précisément le problème, l'objectif et ce qui l'a motivé. À l'introduction est associée une présentation préliminaire de la manière de traiter la question.

L'introduction expose également l'état du domaine précis (source des informations, choix judicieux de références bibliographiques) et fait ressortir la nécessité de recherches complémentaires comme celle qui fait l'objet de l'article.

Certains éditeurs recommandent de livrer au lecteur les principaux résultats et conclusions du travail dès l'introduction.

2. Matériel et méthodes

Fournissez tous les détails qui ont permis la recherche (site d'étude, espèces ou publics étudiés, techniques d'échantillonnage, dispositifs et traitements expérimentaux, techniques d'analyse physico-chimique ou statistique, appareillage, etc.).

L'information devrait être suffisamment complète pour que n'importe quel autre chercheur compétent puisse refaire la procédure.

3. Résultats

Présentez vos résultats avec clarté en décrivant les faits. Il s'agit avant tout de mettre en valeur les résultats significatifs ou positifs.

Les présentations graphiques (organigrammes, schémas « cybernétiques », graphes, tableaux de synthèse) sont toujours préférables à des développements verbaux.

4. Discussion

Triez les faits et les résultats pour montrer leur signification. Par une analyse rigoureuse des données et leur mise en relation, vous faites ressortir ce que vous voulez montrer.

Il est bon de comparer les résultats avec ceux d'autres auteurs ou de les placer dans un contexte plus général. Structurez le texte en sous-parties. La première énumère les faits. Ces faits sont ensuite soumis à discussion dans la deuxième. La discussion aboutit à des conclusions intermédiaires, formant la troisième sous-partie.

Vous devez convaincre. Pour éviter toute confusion, il est préférable de ne pas défendre trop d'idées dans un seul écrit.

5. Conclusion

Si la conclusion n'est pas le résumé, elle récapitule cependant brièvement le cheminement de pensée. Enfin, elle énumère vos propositions, constituant ainsi le terme de votre démonstration.

Introduction et conclusion sont à soigner particulièrement, puisqu'elles constituent un « appât » pour votre lecteur. Elles doivent susciter des questions ou faire apparaître un paradoxe qui justifie la suite de l'écrit.

TOUT EST DANS LE DÉMARRAGE

Le plan de rédaction élaboré, la rédaction apparaît comme la mise en forme des idées agencées à partir d'un plan qui en constitue le fil conducteur. Commencez la rédaction avant que les travaux de recherche soient terminés.

Le « secret » de l'écriture consiste à vous lancer, à couvrir la page blanche de signes. Laissez-vous guider par le plan de travail et par le plan de rédaction. Conservez à l'esprit la nécessité d'être efficace :

- Pour vous. N'oubliez pas que votre prose n'est valable que si elle donne envie d'être lue.
- Pour le lecteur ensuite. Il aime être informé rapidement sans trop perdre de temps. Il faut donc aller à l'essentiel.

Lorsque la rédaction devient laborieuse (fatigue !), il est préférable de meubler le temps avec une activité plus reposante (jardinage, vaisselle, rangement...). Pendant ce temps, votre cerveau peut reformuler.

À CHAQUE EXERCICE SON STYLE !

Des exercices différents peuvent vous être demandés. Faites toujours préciser ce qu'on attend de vous. Généralement :

- **Une note** est une opinion sur une situation, un événement, un document publié... Elle fait environ une page.
- **Un compte-rendu** est une description détaillée d'un événement, d'une activité, d'un texte... Il fait 2 à 3 pages.
- **Une dissertation** est un exercice scolaire visant à analyser les capacités de réflexion d'un élève ou d'un étudiant en lui faisant analyser une citation ou des notions au travers d'un proces-

sus analytique argumenté. Elle répond généralement à une question implicite et se développe alors selon un plan fondé sur la dialectique thèse/antithèse et synthèse. Elle fait entre 5 et 8 pages.

• **Un rapport** est un document décrivant une situation, des événements ou des phénomènes. Il est plus « problématisé ». Il fait une dizaine de pages et comporte un résumé.

• **Un article** est un document préparé en vue d'une publication. Il présente les résultats d'une recherche. Il fait entre 4 et 20 pages. Il comporte un résumé en deux langues et des mots-clés.

• **Un mémoire** est un document scientifique, littéraire, économique... réalisé par un étudiant en fin de cycle universitaire (licence, master, thèse) pour l'obtention de son diplôme. Il fait plus d'une centaine de pages. Il comporte un résumé et des annexes.

Comment préparer un exposé ?

Faire un exposé, ce n'est pas simplement prendre la parole pour montrer qu'on existe ! Il s'agit de convaincre pour mettre en avant ses compétences. Cela demande une préparation.

1) Déterminez l'objectif de l'exposé, le message que vous souhaitez faire passer. Cela peut être :

• Apporter des données.

Exemples : exposé sur un artiste, un homme politique connu, une technique particulière, un sport, l'état d'un domaine...

• Sensibiliser.

Exemples : exposé sur le trou de la couche d'ozone, le réchauffement climatique, la peine de mort, l'évolution économique de la Chine...

• Répondre à une question.

Exemple : À quoi sert un GPS ? Comment cela marche-t-il ?

2) Décryptez bien les consignes données par le prof et cernez le sujet.

• Cas numéro 1 : Le prof donne un thème d'étude.

Exemple : présentation d'une forme nouvelle d'économie.

➢ Vous recherchez un sujet particulier.

Exemple : L'économie des SEL (Services d'échanges locaux).

➢ Vous vérifiez qu'il respecte les contraintes fixées.

➢ Vous cernez le cœur du sujet.

Exemple : En quoi cela transforme-t-il les échanges ? Que devient la monnaie ?

• Cas numéro 2 : Vous devez proposer une étude.

➢ Vous recherchez un thème original parmi ceux qui vous tiennent à cœur.

➢ Vous vérifiez bien au préalable que vous pourrez trouver suffisamment de données dans le temps qui vous est imparti.

Dans les deux cas :
– Déterminer les limites du sujet : Qu'est-ce qui est hors sujet ? Quel niveau de précision mon prof attend-il ?
– Déterminer le temps à disposition pour la préparation et la présentation.

3) Rédigez un premier plan. Il évoluera nécessairement par la suite...

• Ce plan va vous guider pour ne pas vous perdre dans vos recherches.

• Il est important de bien y distinguer les idées principales des idées secondaires. Cela vous facilitera la tâche pour construire clairement votre exposé.

• Vous pouvez vous aider de la méthode des 5 questions, utilisée par les journalistes. Vous devez être capable de répondre à : qui ? quoi ? où ? quand ? pourquoi ? (et éventuellement comment ?)

Précisez :
– De qui s'agit-il ? De quoi est-il question ?
– Où cela a-t-il lieu ?
– Quand cela se passe-t-il ?
– Pourquoi cela a-t-il été réalisé ?
– Comment cela s'est-il produit ?
– Qu'est-ce que cela change ?

4) Cherchez des informations sur le sujet et hiérarchisez-les.
Reprenez votre plan et rédigez votre présentation.
Écrivez le moins possible (sauf pour un exposé écrit, bien sûr) ! Vous aurez donc à rédiger :
– le plan détaillé (grandes parties, sous-parties) ;
– les exemples et les enchaînements entre parties ;
– l'introduction et la conclusion.
C'est tout. Le reste, ce sont des notes... qui devront ensuite être dans votre tête !

Quelques conseils pour les exposés oraux

• Faites une présentation claire, annoncez le plan suivi dès le départ.

• Pensez à trouver une accroche qui va captiver l'auditoire.

• Organisez vos notes et vos documents.

• Adressez-vous directement à votre public, en lisant le moins possible vos notes.

• Regardez votre public... et tout votre public, pas seulement le prof ! Ne restez pas le nez sur vos notes, ni sur le bout de vos chaussures.

• Sans hurler, posez bien votre voix : il s'agit de vous faire entendre jusqu'au fond de la salle. Veillez à mettre de l'intonation dans vos phrases : montez, descendez... comme lorsque vous parlez à vos amis et que vous avez envie de convaincre. Une voix monocorde est soporifique.

• Suivez votre guide : le plan ! L'improvisation est interdite ! Lancez l'exposé avec votre introduction rédigée (pour vous rassurer et donner les grandes lignes de votre plan). Jetez un coup d'œil de temps en temps sur vos notes et votre montre, que vous aurez disposée sur la table. Pensez, même sous le coup de l'émotion, à vos effets surprises : vous seriez très énervé d'avoir oublié le poster qui vous a pris deux heures de travail !

• Ne restez pas figé : marchez, bougez... sans donner le tournis ! Vous avez le droit de parler avec vos mains, de vous déplacer...

• N'oubliez pas de RÉPÉTER au préalable ! Devant un miroir ou un(e) ami(e), ou avec l'aide d'un Caméscope. Au moins deux fois l'ensemble pour vous minuter, puis reprenez plusieurs fois l'introduction pour vous rassurer.

À éviter

Pour un exposé oral, mieux vaut ne pas écrire beaucoup. Car si vous notez tout sur des feuilles, vous serez tenté de les lire et votre auditoire va sombrer dans un profond sommeil. Ou vous allez apprendre par cœur... et, là, un travail de titan vous attend. Exposer directement ses arguments est plus convaincant. Bien sûr, il vous faut avoir en tête l'argumentaire que vous avez établi au préalable.

À faire	À ne pas faire
Pensez que les trois premières minutes sont capitales pour fixer votre auditoire.	Ne recopiez pas la page d'un livre ou une page Internet sans l'expliquer et sans citer vos sources.
Prévoyez des transitions entre les parties.	N'accumulez pas les chiffres et les dates sans explication.
À l'oral, définissez toujours les termes compliqués.	

Pour la présentation

Faites attention :

– aux tics de langage (« bien entendu » répété cinquante fois, c'est fatigant) ;

– à l'alourdissement et à l'appauvrissement de votre propos par des mots inutiles (« j'veux dire », « c'est sûr que... », « c'est vrai que... ») ;

– et aux tics de « trac » (je frappe dans mes mains, je me tords les doigts, je me gratte l'oreille gauche, etc.).

Notez, montrez. Le tableau, le rétroprojecteur, le PowerPoint sont à vous. C'est vous le prof (enfin presque), profitez-en ! Donnez de la vie à votre exposé.

Pour le trac

Vous avez le trac avant de démarrer ? Respirez à fond plusieurs fois : videz vos poumons, puis « noyez-les » d'air... Et souriez ! (Voir p. 104)

Comment présenter en équipe ?

• Évitez d'avoir l'air collés les uns aux autres.

• Définissez précisément auparavant le moment où chacun prendra la parole, le temps de parole de chacun et la façon de le faire.

• Donnez-vous éventuellement des rôles différents : celui qui présente, celle qui démontre, celui qui fournit des illustrations et des exemples...

• Répétez tous ensemble avant la présentation, afin de faire les derniers réglages et de ne pas dépasser le temps imparti.

• Enfin, respectez les règles d'un travail en groupe. Ayez à l'esprit que les tensions sont inévitables. Toutefois, elles ne doivent pas être destructrices. Pensez à des moments pour mettre tout sur la table et pour essayer non pas de vous lamenter mais de trouver des plus qui surmontent vos difficultés. Pensez toujours à en sortir par « le haut » plutôt que par un consensus mou !

Les plus qui décoiffent

• Vidéos, transparents, schémas, posters, dessins... Usez de ces plus qui vont animer votre présentation mais n'en abusez pas. Ces outils doivent être au service de votre propos, jamais gratuits !

• Vérifiez au préalable que vous aurez tout le matériel nécessaire. N'oubliez pas de faire vos branchements et de vérifier le fonctionnement 20 minutes avant. Au cas où le matériel serait défaillant, prévoyez toujours de vous en sortir sans !

• Pour le PowerPoint, pensez de temps à autre à mettre un écran « noir » pour recentrer l'attention sur vous, parce que vous avez quelque chose d'important à préciser. Pas plus de trente mots par diapo !

• Si vous n'avez pas la possibilité d'utiliser la « technologie », pensez aux panneaux en carton sur lesquels vous aurez collé des illustrations, des photos, des schémas... Pensez à agrandir suffisamment vos images ou faites-les passer dans les rangs. Elles seront une aide précieuse pour illustrer, intéresser votre prof et vos condisciples... et vous rassurer.

• Un petit truc simple et efficace : la musique ! Ce n'est pas possible tout le temps, mais commencer un exposé sur les États-Unis et le pétrole avec de la musique pop ou celui sur Freud avec du Wagner, ça va surprendre et rendre tout le monde assez attentif (et le prof peut apprécier cet effort de mise en scène) !

Comment argumenter ?

Une argumentation est toujours composée de plusieurs « éléments de preuve » (ou prémisses) et d'une conclusion. Les éléments de preuve constituent les raisons d'accepter cette conclusion. À cette fin, ils doivent être mis en relation entre eux pour donner l'impression d'une cohérence.

Une argumentation est convaincante si les prémisses sont acceptables ou acceptées et qu'elles sont jugées suffisantes pour soutenir la conclusion.

Rien n'est cependant efficace à 100 %. Tout dépend de celui à qui on s'adresse... Plusieurs facteurs peuvent faire en sorte qu'une « bonne » argumentation ne convainque pas quelqu'un : les préjugés, l'intérêt personnel, le manque de connaissance du domaine, l'aveuglement passionnel, l'impertinence de votre propos...

Demandez-vous toujours à qui vous vous adressez. Et comment vous pouvez convaincre cette personne.

Exemple : Les centrales nucléaires sont-elles dangereuses ?

Si je veux faire passer l'idée qu'il faut stopper leur développement dans le monde :

1. J'apporte des preuves

Les centrales nucléaires ne sont pas fiables : des accidents plus ou moins graves se sont déjà produits. Elles présentent un risque pour les populations locales. Exemples : Los Alamos 1945, Brescia 1975, Tchernobyl 1986, Xin Zhou 1992.

Je m'appuie sur un exemple très évocateur en insistant sur les conséquences graves d'un accident. La catastrophe de Tchernobyl sera présentée en détails (augmentation régulière du nombre de cancers de la thyroïde chez les enfants de Biélorussie, de Russie et d'Ukraine...) ; les autres accidents, moins graves, seront abordés de façon plus brève.

Je présente mes sources de documentation, je livre des données chiffrées.

2. J'apporte d'autres arguments

– Les centrales nucléaires entraînent la présence de combustibles irradiés dangereux à transporter, onéreux et délicats à stocker : rapport de la convention Ospar 1999, présence radioactive à La Hague à proximité de l'usine Cogéma.

– Elles perturbent à long terme les milieux naturels où elles sont installées. Exemple : les eaux du Rhône se réchauffent, certains poissons et certaines plantes disparaissent.

– etc.

3. Je conclus en rappelant ma proposition de départ

Je propose une série de solutions pour ouvrir le débat (gel du programme de construction des centrales nucléaires, fermeture progressive des réacteurs à travers le monde, énergies de remplacement...) et j'ouvre sur la discussion.

VII

Savoir s'organiser

L'esprit est un produit de l'organisation du cerveau
tout comme la vie est un produit
de l'organisation des molécules.

François Jacob

Lors des cours ou chez vous, ne laissez rien – ou presque – au hasard. Organisez-vous, vous y gagnerez en temps et en efficacité. Pour réussir des études, il faut, bien entendu, devenir très autonome et acquérir de nouveaux savoirs disciplinaires mais aussi d'autres façons de faire.

Il est important de s'adapter au type de formation (classes préparatoires, université, BTS, formation continue, bac professionnel, IUT...) et, pour cela, il faut savoir s'organiser dans sa nouvelle vie, apprendre dans un contexte où les cours, les TD, les TP sont différents, ou encore choisir, saisir les opportunités qui se présentent.

Pourquoi planifier son travail ? Comment se créer son propre mode d'emploi ? Comment réaliser un plan de travail ? Comment s'organiser pour passer un examen ou pour rendre à temps un travail ou un projet ? Et surtout comment anticiper ?

Investir !

Investir, c'est dépenser un peu aujourd'hui dans l'espoir de gagner beaucoup demain. L'idée de ce chapitre est de vous encourager à investir du temps et de l'énergie pour vous organiser dans le but d'économiser ensuite beaucoup de temps et d'énergie.

UN PEU D'ORGANISATION N'EST PAS DE TROP !

❶ En cours : faire les 2/3 du travail

1. Se préparer avant d'entrer en cours

Pour écouter attentivement, pour profiter au mieux des cours ou des TP, il vous faut :

– avoir le projet de comprendre et de vouloir apprendre ;

– penser à la façon dont le savoir sera utilisé ensuite : examen ? projet ?

2. Écouter attentivement pour comprendre

Tout en prenant des notes (voir p. 62) :

– Posez-vous des questions, par exemple les 5 W : qui, quoi, où, quand, pourquoi (*who, what, where, when, why*).

– Repérez le plan du cours, les éléments importants, les transitions.

– Faites des liens avec ce qui a été vu aux cours précédents et pourquoi pas avec d'autres cours.

Exemple : les philosophes des Lumières sont abordés en histoire mais aussi en français. L'énergie est évoquée en biologie, en physique et en économie.

3. Participer au cours, cela permet de rester actif dans sa tête

– Les questions vous aident à rester attentif et à ne pas vous endormir petit à petit, calé sur votre chaise...

– En posant une question, ou en y répondant, votre cerveau travaille à comprendre et à retenir l'information.

4. Faire un bilan à la fin du cours, en utilisant la technique des 30 secondes (voir p. 84)

Un tel bilan vous sert à garder en mémoire le thème du cours et les 2 ou 3 points importants à retenir. Il vous permet de repérer ce qui n'a pas été compris, pour pouvoir y revenir plus tard.

❷Le soir : s'organiser au mieux pour plus d'efficacité

1. Se détendre en entrant chez soi, mais pas n'importe comment

Donnez-vous une demi-heure de pause après la journée de cours, mais pas plus. Goûtez, prenez une douche, allongez-vous, écoutez de la musique calme... mais pas de jeux vidéo ni de télévision à ce moment-là.

2. Mettre à jour les cours du jour, faire des fiches

Faites d'abord revenir dans votre tête ce qui a été vu pendant le cours.

Ensuite, facilitez les révisions :

– Complétez le cours.

– Mettez en valeur les éléments importants (plan, dates, formules, définitions...), en surlignant, soulignant, encadrant...

– Essayez de comprendre ce qui n'était pas clair en cours.

– Faites une fiche du cours.

3. Mettre à jour la feuille « J'anticipe »

Cette feuille vous sert à planifier les devoirs à venir (contrôles, exposés, livres à lire, projet à rendre...). Répartissez leur préparation pour ne pas vous retrouver avec un exposé à finir et un contrôle à réviser le même soir ! Vous pouvez en télécharger un modèle sur www.coachcollege.fr.

4. Préparer la journée du lendemain

Pour chaque cours du lendemain, relisez la fiche précédente ou faites-la de tête. Cela augmente la mémorisation et permet de suivre mieux en cours.

Si votre fiche est bien faite, la relire ne doit pas vous prendre plus de une ou deux minutes.

De l'intérêt des exercices !

Les exercices sont un bon moyen d'apprendre. Ils permettent de vérifier que vous avez compris le cours, mais aussi que vous êtes capable de l'utiliser. Dans le cas contraire, ils permettent de repérer ce que vous n'avez pas compris.

Si le prof ne vous en donne pas, faites-en vous-même à partir des annales ou de ce qui est tombé à l'examen l'année précédente. Si cela n'existe pas, inventez vous-même des exercices. C'est un excellent moyen...

Essayez au moins de retrouver de mémoire l'essentiel du cours. Éventuellement, présentez-le à un ami ou à un proche.

❸ Le week-end : il se prépare également pour profiter au mieux du temps libre.

1. Évaluer la quantité de travail à faire dans le week-end

Grâce à votre agenda et à la feuille « J'anticipe » (voir p. 82). Ils vous permettront d'évaluer le travail à faire.

Vous pouvez ainsi répartir le travail dans le week-end, et donc ne pas en avoir marre en faisant tout d'un coup. Vous serez plus efficace et :

– vous éviterez de découvrir le dimanche à 18 heures un contrôle ou un exposé et de vous retrouver à travailler dans l'urgence avec le risque de bâcler ;

– vous gérerez mieux votre temps sans vous angoisser.

2. Délimiter clairement le temps de travail et le temps libre

– Déterminez avec précision le temps de travail et le temps libre en fonction de vos contraintes.

– Calculez le temps à consacrer à chaque travail. Regardez l'heure régulièrement pour tenir le délai fixé. On reste ainsi concentré. Cela évite de rêvasser et de se disperser. C'est du temps gagné pour les loisirs !

3. Réviser ses contrôles rapidement

Préparez les contrôles pendant le week-end. Cela permet :

– d'avoir le temps de demander une explication ou d'aller chercher l'information manquante sur Internet ou au centre de documentation ;

– de ne pas réviser dans l'urgence la veille, avec tous les autres travaux à faire pour le lendemain. C'est donc moins de stress, pour de meilleures notes.

4. S'avancer pour avoir moins de travail pendant la semaine, notamment s'il y a des projets ou des dossiers à rendre

Vider son agenda des travaux à faire pour la semaine a au moins deux avantages :

– avoir moins de travaux et plus de temps libre pendant la semaine ;

– avoir le temps de préparer sans stress les travaux de dernière minute.

5. Faire un point

Le week-end est le moment idéal pour faire un point :

– sur soi ;

– sur la semaine qui vient de passer (Qu'avez-vous appris ? À quoi cela va vous servir ?) ;

– sur la distance qui reste par rapport à l'objectif qu'on s'est donné (examen à passer, projet à rendre...).

Si vous avez des contrôles ou des examens à passer, souvenez-vous que la mémoire fonctionne à son optimum si on lui présente de nouveau la même information :

1. 10 minutes après (d'où l'intérêt des 30 secondes à la fin du cours !).
2. Le soir même ou 24 heures après.
3. Le week-end suivant.

Mémoriser, c'est mettre une information dans sa mémoire, mais aussi être capable de la retrouver.

30 SECONDES POUR SE METTRE EN ACTION

Le but ?

Juste avant de commencer à travailler, chez vous ou en vous installant au début d'un cours, ces 30 secondes vont vous permettre de vous mettre en projet, d'être attentif, de comprendre et de mémoriser. Donc d'être plus actif et plus efficace, rapidement.

Comment faire ?

Pendant 30 secondes, pas plus, représentez-vous la tâche à réaliser. Imaginez-vous en train de travailler, ce qui permet de vous concentrer et de démarrer. Il faut aussi vous mettre à l'esprit le but du cours ou du travail à réaliser.

Pourquoi ?

• Préparer le travail à faire met le cerveau en marche. Un peu comme un échauffement pour un sportif.

• Se mettre à travailler rapidement permet de :

– ne pas perdre de temps et donc d'avoir plus de temps libre ensuite ;
– éviter de traîner 15 minutes avant de s'y mettre ;
– ne pas être passif ;
– savoir ce qui est attendu.

Les questions à se poser suivant le cas

❶ Cours

Qu'est-ce que j'aimerais apprendre de ce cours ?
Que vais-je faire de ce cours ?

❷ Examen à préparer
Qu'ai-je retenu des cours précédents ?
Qu'est-ce que le prof attend précisément pour ce travail ?
Qu'ai-je mal fait la fois précédente ?
Que dois-je corriger, éviter ?

❸ Travail du soir
Que dois-je faire ?
Ai-je un objectif particulier pour le temps de travail à venir ?
À quoi faut-il que je fasse spécialement attention ?

❹ Bilan du week-end
Où en suis-je dans mon projet ?
Quelles sont mes principales difficultés ?
Qu'est-ce qui ne me plaît pas dans cette matière ou chez ce prof ?
Que puis-je faire pour me concentrer même si le sujet ne m'intéresse pas beaucoup ou s'il est difficile ?

Les 30 secondes, ça marche aussi juste après le cours !

30 secondes, c'est court, mais ce peut être efficace. Essayez, c'est un peu difficile à faire au début, mais vous verrez rapidement la différence !

– Cela marche, car ce petit bilan aide votre cerveau à structurer toutes les informations qu'il a reçues. Cela facilite donc la mémorisation.

– C'est un antidote à « J'ai rien compris ».

Quelques questions à se poser

• C'était sur quoi ? Quel était le thème général ?

• Quels étaient les 2 ou 3 points importants ? Par exemple : les principaux concepts, les théories dominantes, les formules, les théorèmes, les dates, les noms, les définitions à mémoriser…

• Qu'est-ce que je n'ai pas compris ? Que dois-je approfondir ? Comment ? Avec qui ? Où ?

Anticiper pour apprendre

Anticipez pour vous faciliter la vie ! Si vous n'avez plus à courir pour tout faire au dernier moment, vous augmentez votre pertinence, vous mémorisez mieux, vous êtes moins stressé…

Anticiper pour mémoriser

Avant de travailler, en cours ou chez soi, prendre 30 secondes (voir p. 84) pour mettre le cerveau en condition de travailler, avec le projet d'utiliser ensuite ce qu'on va lire ou entendre.

Après le cours, faire le point sur ce qui est compris et ce qui ne l'est pas.

Avant un examen, se demander ce qui est attendu. La mémoire se met en ordre de marche pour mieux mobiliser les connaissances. Vous avez également le temps d'anticiper les questions qui peuvent tomber.

Avant un projet, il vous est possible d'envisager un plan de travail.

Anticiper pour augmenter son efficacité

• Anticiper son travail permet d'éviter de perdre 15 minutes à démarrer !

• On peut organiser sa recherche d'informations ou préparer ses révisions.

• Le cerveau se met en état d'attention.

• On peut se donner un laps de temps pour chaque activité.

Exemples :

J'ai 15 minutes pour mémoriser ce texte.

J'ai 30 minutes pour rechercher des documents sur Internet.

J'ai un après-midi pour rédiger ce compte-rendu ou cette dissertation.

Anticiper pour éviter le stress

Anticiper, c'est bien gérer son temps. Cela permet de dégager du temps pour les loisirs et de ne pas être pris au dépourvu au dernier moment en cas de mauvaise surprise.

Certains outils sont là pour vous aider : la feuille « J'anticipe » (voir p. 82), votre emploi du temps (voir ci-dessous), votre agenda.

Anticiper, c'est se projeter dans l'avenir, pour ne pas être pris au dépourvu et subir. Cela signifie se préparer, savoir ce que l'on veut.

J'anticipe = Action	**Je gagne = Bénéfice**
Je prépare mes affaires la veille avec le matériel nécessaire.	J'ai plus de temps pour dormir, prendre le petit déjeuner ou me préparer. Et je n'oublie rien.
Je range mon bureau dès que j'arrête de réviser ou dès que j'ai terminé un projet.	Je me mets aussitôt et avec plaisir à travailler la fois d'après.
Je sors mes affaires avant que le cours ne commence.	Je suis prêt quand la formation commence. Je mets mon cerveau en activité aussitôt.
Le soir, je relis les cours de la journée en les faisant exister dans ma tête.	Je mémorise mieux.
Je crée mes fiches chaque soir.	Je mémorise en les faisant. Je gagnerai du temps lors des révisions.
J'organise mon temps de révision.	J'augmente mon efficacité. En cas de besoin, j'ai le temps de demander des précisions ou des conseils au prof.
J'imagine les questions de l'examen.	J'apprends en fonction de ce qui m'est demandé.
J'organise ma recherche d'informations.	J'évite les pertes de temps en sachant à l'avance ce que je veux et où j'ai des chances de le trouver.
J'anticipe sur les travaux à venir.	Je mets de côté les documents qui peuvent me servir dans des travaux ultérieurs.
Je prépare avec soin mon temps et mon plan de travail pour le projet à rendre.	Je m'avance de façon à ne pas être pris au dépourvu en cas de travaux supplémentaires ou inattendus.
Je gère mon temps, en me servant de mon emploi du temps et de mon agenda.	J'ai du temps pour mes loisirs : finis les soirs et les week-ends surchargés de travail.
Je gère aussi mon temps de sommeil et mon temps de loisir.	Mon cerveau est moins fatigué, donc je travaille plus vite. Je suis plus facilement le cours et je suis prêt à organiser un travail à rendre.

Comment se créer son propre emploi du temps ?

Essayez de prendre conscience de ce que vous faites réellement de votre temps.

1. Pendant une ou deux semaines, remplissez un emploi du temps à partir de ce que vous avez fait réellement. Notez vos moments de travail et les types de tâches : cours, reprise du cours, exercices, révision, recherche de documents... et vos moments de détente.

2. Regardez ensuite combien de temps vous passez à travailler et ce que vous avez fait. Posez-vous quelques questions. Par exemple :

– Combien de temps ai-je passé à reprendre mes cours, faire les exercices, réviser, préparer un travail ?

– Ma façon de travailler et d'apprendre est-elle la bonne ?

– Quelles sont mes pertes de temps ? À quels moments suis-je vraiment concentré quand je travaille, combien de temps suis-je resté à rêver à mon bureau ?

– Quand et comment puis-je améliorer ma façon de travailler ?

Créez-vous ensuite votre emploi du temps « optimum », car il y a sûrement des points à améliorer.

1. Notez à l'avance tout ce qui est fixe : les jours et les heures de cours, les temps de sommeil et de repos, les activités extrascolaires et le transport. Ne supprimez pas les activités extrascolaires, les pauses avec les copains et les temps de récupération sous prétexte de gagner du temps : ils sont indispensables pour décompresser et ainsi travailler plus efficacement.

2. Déterminez les temps dont vous avez besoin : mise à jour des cours, exercices, travaux à rendre. Fixez-les sur votre emploi du temps, soir et week-end ! Donner une limite à son temps de travail est un bon moyen d'éviter de rêvasser à son bureau.

Astuce : réservez des créneaux libres de 30 minutes par jour et de 1 h 30 le week-end pour les imprévus.

Attention !

Votre emploi du temps ne sera pas réaliste du premier coup. C'est normal. Vous l'ajusterez au fil des semaines. Créer votre emploi du temps permet de déterminer clairement le temps que vous passerez en cours, à travailler chez vous, ainsi que votre temps libre.

Cela a trois intérêts :

- Ne pas avoir la désagréable impression de subir le temps qui passe mais être « auteur » de sa vie.
- Être plus efficace et perdre moins de temps.
- Ne pas avoir le sentiment que vous ne faites que travailler.

Astuces : faites la chasse au gaspi !

Repérez les pertes de temps pour les utiliser dans des travaux automatiques. Pensez comment mieux utiliser votre temps, à commencer par les temps de transport. Vous pouvez en profiter pour penser à un plan, revoir vos fiches, réécouter un cours difficile sur votre iPod ou quelque chose à mémoriser bêtement que vous écoutez en boucle…

N'oubliez pas que perdre trois fois 10 minutes dans la journée, cela vous semble négligeable. Pourtant, c'est plus de 183 heures à la fin de l'année, c'est-à-dire plus d'une semaine de vie ou presque trois semaines de travail !

Comment s'organiser pour un examen ?

Un examen se prépare… dès le début des cours et même avant !

3 points essentiels

- Écouter attentivement les cours, les comprendre et mettre au propre les notes prises.
- Réaliser des fiches chaque soir. Vous pourrez les réutiliser pour réviser plus vite.
- Apprendre les cours chaque jour ou chaque week-end pour utiliser au mieux la mémoire.

Comment s'entraîner ?

- D'abord, vérifiez que vous connaissez vos cours et que vous êtes capable de les dire sans aucun document sous les yeux. Insistez sur les éléments principaux : les dates-clés, les formules, les définitions et le plan.

> Essayez de les écrire.

- Ensuite, assurez-vous que vous pouvez mobiliser vos connaissances.

> Refaites les exercices sans regarder la correction.

> Exercez-vous en utilisant les annales ou inventez-vous des exercices possibles.

• Enfin, entraînez-vous à bien décoder les consignes, à comprendre ce qu'on peut vous demander.

Mode d'emploi

1. Commencez les révisions un mois à l'avance. Organisez-vous un emploi du temps pour revoir tous les chapitres, une première fois calmement, pour vous assurer que :

– votre cours est complet ;

– tout est compris, éventuellement que tous les exercices sont faits et assimilés ;

– vous avez cherché tous les documents complémentaires.

2. Reprenez complètement une nouvelle fois toutes vos révisions, plus rapidement, une semaine à l'avance.

3. La veille, reprenez l'ensemble du cours une dernière fois, encore plus rapidement. Et ensuite, allez vous coucher.

Ne révisez pas le matin, cela vous fatigue et vous embrouille inutilement. De toute façon, vous ne pourrez plus mémoriser !

Une telle organisation permet de :

– réviser sans stress ;

– revoir plusieurs fois les mêmes points ;

– demander l'aide des profs si quelque chose n'est pas compris ;

– planifier pour ne pas se laisser déborder ;

– être sûr de soi le jour de l'examen.

Astuces

– Ne vous cachez pas vos lacunes et vos points faibles. Travaillez plutôt à les combler.

– Si vous avez peur qu'un sujet tombe, ne priez pas... travaillez-le !

– Faites des pronostics sur ce qui a plus de chance de tomber. À travailler en priorité. Toutefois, ne faites pas l'impasse sur certains chapitres. N'écoutez pas les rumeurs quant aux sujets possibles.

– Si vous avez plusieurs épreuves, variez les matières lors des révisions. Alternez celles que vous aimez et celles que vous n'aimez pas.

– Passez plus de temps sur les épreuves qui « payent ». Celles qui ont un fort coefficient.

Comment s'organiser pour un travail à rendre ou un projet ?
(plus spécialement utile dans le cadre des études supérieures)

La préparation d'un mémoire de licence, de master ou de thèse demande une organisation spécifique ou minutée.

La préparation

Un mémoire est un document servant à exposer un point de vue sur un sujet. Il permet de développer et de préciser l'argumentation qui soutient votre opinion.

1) Prenez une demi-heure pour écrire, comme pour un remue-méninges, toutes les idées qui vous passent par la tête sur le sujet à traiter.

2) Reprenez vos idées le lendemain après une nuit de sommeil, complétez-les puis essayez de les structurer. Précisez votre ou vos questions, éventuellement votre ou vos hypothèses (pas plus de deux ou trois). Mettez-vous en tête le plan. En général, on trouve dans le contenu d'un mémoire :

- une introduction de 5 à 8 pages avec :
  - ➢ une accroche ;
  - ➢ le point de vue que vous allez défendre sur l'ensemble du projet ;
  - ➢ vos préoccupations en ce qui concerne les composantes ou les répercussions du projet ;
  - ➢ enfin, la présentation des différentes parties ;
- un état de la question ou ce que l'on connaît déjà ;
- une problématique avec vos questions et vos hypothèses ;
- une méthodologie avec éventuellement :
  - ➢ un public ;
  - ➢ un recueil de l'information ;
  - ➢ un traitement de l'information ;
  - ➢ des limites.
- des résultats avec toutes les suggestions, commentaires et recommandations visant à améliorer le projet ;
- une conclusion qui reprend les points principaux et élargit le sujet.

Ensuite, vous partez à la recherche des informations (voir p. 58). Donnez-vous des contraintes de temps pour ne pas traîner.

Astuces

Récupérez l'information en tenant compte des chapitres que vous devez écrire. Organisez des dossiers par partie et sous-partie.

La rédaction

Généralement, la taille d'un mémoire de licence ou de master est d'environ 60 pages de 2 500 signes (72 signes par ligne pour environ 35 lignes par page), plus une dizaine de pages d'annexes (ne pas abuser des annexes).

Format : A4 relié à spirales, sens « à la française » (vertical) et, exceptionnellement, « à l'italienne » (horizontal) pour les tableaux statistiques trop grands.

Impératif

Le texte doit être composé sur ordinateur (exemple de taille minimum requise pour les caractères : Times 12) avec un interligne 1 1/2, des marges suffisantes (à gauche et à droite), un texte aéré et une variété agréable de caractères (italique, gras, souligné, majuscules). Ne pas oublier les notes de bas de page.

À retenir

Le prof ou le jury attache la plus grande importance à l'apport personnel de l'étudiant sur le sujet traité. Il est impératif d'éviter de présenter un mémoire qui ne serait que compilation des sources bibliographiques.

Ne pas oublier de structurer les parties.

APPRENDRE À CONCEVOIR ET À RÉALISER DES TRAVAUX DE LONGUE HALEINE : PROJETS, COMPTES-RENDUS, DOSSIERS, MÉMOIRES, DIAGNOSTICS, ETC.

Habituellement, le système scolaire tend à mettre en avant des exercices parcellisés. L'élève, l'étudiant apprend à travailler au coup par coup, sans besoin d'anticiper ou de planifier son travail. Déjà, la préparation d'un examen ou d'un concours demande une organisation des révisions et une planification qui peut démarrer

Cette phase est toujours très coûteuse en temps. Il vous faut anticiper et planifier. La présentation est très importante dans tous les cas : ne la négligez pas.

Le rendu et sa valorisation

Le rendu est toujours une phase essentielle qui peut valoriser vos recherches ou pallier les faiblesses d'un travail moins abouti. S'il s'agit d'une présentation orale, il faut répéter (voir chapitre VI). S'il s'agit d'un texte, appuyez-vous sur un plan clair et un argumentaire sans faille. N'oubliez pas de préciser les questions que vous traitez et d'inclure des illustrations.

VIII

Comment mettre son corps en ordre pour apprendre ?

Mens sana in corpore sano.
(Un esprit sain dans un corps sain.)

Attribué à HOMÈRE

Plus le corps est faible, plus il commande ;
plus il est fort, plus il obéit.

JEAN-JACQUES ROUSSEAU

Une bonne santé a des impacts directs sur vos capacités à apprendre. Bien sûr, vous pouvez être victime de microbes, d'un accident ou d'agressions possibles de l'environnement. Mais, pour l'essentiel, la santé dépend de vous et de vos habitudes de vie !

Une bonne santé facilite l'apprendre. Elle évite la fatigue ou les maux de tête. Elle permet, quand c'est nécessaire, de se dépasser pour affronter une épreuve ou une charge supplémentaire de travail.

LES 10 MOTS-CLÉS D'UNE BONNE SANTÉ

Activités Pratiquez différentes activités physiques ou théâtrales, ou pourquoi pas du chant choral. Ces activités vous éviteront l'ennui. Elles stimuleront les capacités du cerveau.	***Rythmes biologiques*** Respectez au maximum les rythmes biologiques de votre corps. Vous utiliserez ses capacités au mieux et vous éviterez les coups de fatigue.

Bobos Fatigue, maux de tête, petite fièvre... Arrêtez le réflexe habituel de prendre une aspirine, un calmant ou un antidépresseur. La fatigue, un mal de tête, une petite fièvre signifient toujours quelque chose. Baissez le rythme, donnez-vous un moment de repos, essayez de comprendre d'où viennent ces maux. Prenez plutôt un bain, un jus d'orange ou un grog bien chaud...	***Sieste*** Reposez-vous 10 minutes (en tout cas pas plus de 20 minutes) après le repas de midi et du soir, éventuellement en écoutant de la musique doucement. Vous pourrez ensuite repartir complètement en forme pour étudier. La sieste est un magnifique outil pour récupérer.
Drogues Arrêtez de consommer du tabac, du cannabis, de l'alcool ou d'autres drogues. Elles entraînent des conséquences à long terme sur la santé et à court terme sur le cerveau. Elles créent toutes une dépendance. Aucune n'aide à apprendre !	***Sommeil*** Dormez 7 h 30 par nuit. C'est capital pour récupérer. Si vous avez beaucoup de travail, ne descendez pas en dessous de 6 heures. La fatigue est le pire ennemi de l'apprendre. De plus, le sommeil n'est jamais une perte de temps. Il permet au cerveau de réorganiser les informations reçues dans la journée... et donc d'apprendre !
Nourriture Mangez... pas trop, mais un peu de tout et surtout équilibré. Attention aux graisses cachées ! Pensez aux légumes et aux fruits. Le cerveau et le corps disposeront ainsi de tous les éléments dont ils ont besoin pour bien fonctionner. Prenez un petit déjeuner suffisant, pour que l'attention ne diminue pas en fin de matinée.	***Sport*** Faites du sport sans excès au moins deux fois par semaine. C'est bon pour le corps, mais aussi pour la tête : cela permet de décompresser.
Ressentis Regardez-vous 2 minutes chaque jour dans une glace, mais n'en restez pas à l'apparence. Prenez le temps au calme de sentir votre corps et repérez surtout vos tensions. Votre corps vous parle, prenez le temps de l'écouter.	***Stress*** Gérer son stress (voir p. 101), c'est possible ! Et c'est important pour se sentir mieux et éviter de faire un blocage.

À propos des handicaps

Un handicap ne facilite certes pas les choses. Mais il faut savoir que :

• certaines structures (associations, etc.) apportent une aide ;

• des mesures particulières existent, comme davantage de temps pour un examen ou un contrôle.

Un handicap n'a jamais empêché de réussir ! De nombreux personnages célèbres ayant souffert d'un handicap en sont la preuve : Beethoven était sourd, Einstein et Walt Disney étaient dyslexiques...

Attention à la vue et à l'ouïe

Pouvoir entendre et voir correctement, au besoin avec l'aide d'un appareil auditif ou de lunettes, est fondamental. Sinon, il est difficile de comprendre les cours et le cerveau se fatigue plus vite. Faites tester votre audition et votre vue au moins une fois dans l'année.

Faire la chasse au bruit !

La pollution sonore est une source importante de fatigue.

De nombreuses nuisances nous entourent : bruits de circulation, cris, alarmes... De plus, les baladeurs, la musique à plein volume et les sons trop violents peuvent entraîner de sérieux problèmes de santé, comme des troubles du sommeil, une surdité, du stress...

Il est donc important :

– de s'en protéger (ne pas écouter trop fréquemment ni trop fort son baladeur, limiter les sorties en concert...)

– et de préserver des moments de calme.

Pourquoi le sommeil est-il indispensable ?

• Le corps et le cerveau ont besoin de récupérer de la fatigue de la journée.

• La fatigue diminue la concentration et les capacités de la mémoire.

• Pendant le sommeil profond, le cerveau structure et consolide les connaissances acquises dans la journée.

• Le manque de sommeil peut entraîner des comportements stressés, agressifs ou encore déprimés.

Dormez entre 7 heures et 8 heures par nuit au moins, selon votre rythme de sommeil. Attention ! La grasse matinée ne compense qu'en partie le manque de sommeil. Et elle rend le réveil du lendemain plus difficile.

Si exceptionnellement vous devez dormir moins, respectez au moins votre rythme de sommeil. Dormez une phase de moins plutôt que de vous faire réveiller par un réveil au milieu d'une phase...

Pour connaître votre rythme de sommeil, profitez d'un jour sans contrainte et repérez approximativement le temps que vous avez dormi.

Si vous avez dormi 7 h 30, cela veut dire que vos phases sont de 1 h 30 environ. Une phase de moins, c'est 6 heures de sommeil.

Si vous avez dormi 8 heures, vos phases sont de 1 h 40. Une phase de moins, c'est 6 h 20 de sommeil.

Si vous avez dormi 7 heures, vos phases sont de 1 h 20. Une phase de moins, c'est 5 h 40 de sommeil.

Mettez le réveil par sécurité, mais apprenez à vous réveiller seul à votre rythme... C'est possible !

Ce qui détériore le sommeil

• Le stress.

• Les changements de rythmes de vie. Évitez de vous coucher ou de vous lever à des horaires trop décalés. Mieux vaut prévoir une transition entre les vacances et la rentrée, en avançant peu à peu les horaires du coucher et du lever.

• Les drogues. Certaines, comme le cannabis ou les somnifères, peuvent donner l'impression que l'on s'endort plus facilement. Mais elles détériorent en fait la qualité du sommeil.

• Les activités excitantes juste avant le coucher. Les films d'horreur ou d'espionnage et les jeux vidéo, notamment, excitent le cerveau.

Quelques conseils pour bien dormir

Pour faciliter le sommeil, arrêtez les activités excitantes au moins un quart d'heure avant d'aller vous coucher. Vous pouvez :

– lire un livre ou une BD ;

– prendre un bain chaud ;

– écouter la radio ou de la musique ;

– boire un verre d'eau ou une tisane (le mieux : tilleul ou fleur d'oranger) ;

– manger un biscuit (pas trois !) ;

– vous faire masser, vous relaxer.

Essayez de repérer ce qui marche pour vous !

Soigner son environnement

• Dormez de préférence dans l'obscurité.

• Aérez votre chambre dans la journée pour renouveler l'oxygène.

• Endormez-vous sans bruit (télévision, chansons). Sinon, le cerveau continue à traiter les paroles entendues. Vous pouvez cependant vous endormir avec une musique douce sans paroles, en utilisant la touche « sleep » de votre chaîne pour qu'elle s'éteigne automatiquement au bout d'un quart d'heure.

• Éteignez votre portable et l'ordinateur pour éviter de vous faire réveiller par les messages.

Pourquoi le sport est-il essentiel à une bonne santé ?

10 bonnes raisons de faire du sport

• Se défouler, et donc éviter de passer ses nerfs sur les autres.

• C'est bon pour le cœur.

• Cela diminue les risques de surpoids, car vous brûlez alors beaucoup de calories.

• Cette occasion de bouger compense l'immobilité pendant les cours ou le travail.

• Se faire des copains ou en rencontrer autrement.

• Apprendre à maîtriser son corps. Les muscles, ça doit être musclé ! Et ce n'est pas pour faire joli. Ce sont eux qui permettent à votre corps de tenir debout, de bouger. Beaucoup de maux de dos, par exemple, surviennent si celui-ci n'est pas assez musclé.

• Tenter de nouvelles expériences.

• Réduire son stress.

• Favoriser la venue du sommeil.

• Apprendre le fair-play et la bonne compétition.

Le sport est ainsi indispensable à votre équilibre... Bien sûr avec modération. Écoutez la fatigue de votre corps.

À vous de jouer !

Il y a forcément un sport qui vous convient ! Trouvez le sport qui correspond à vos envies : basket, escrime, vélo, foot, danse (hip-hop, danse africaine, modern jazz...), escalade, jogging, tennis, roller, ski, karaté, surf... Même la marche est un sport !

Il existe une multitude de sports différents, dont certainement beaucoup vous sont inconnus. Renseignez-vous sur les possibilités offertes dans votre région (par exemple, à l'office des sports de la mairie).

Petits conseils :

– Prenez soin de vous réserver du temps pour ne rien faire, pour souffler un peu. Si vous passez tout votre temps libre à faire des activités physiques ou sportives, vous allez vous épuiser.

– Attention au zapping ! Essayer des sports différents pour le plaisir de découvrir, c'est bien. Mais il ne faut pas en changer au moindre obstacle. Quelques efforts permettent de les surmonter. On est ensuite d'autant plus heureux d'avoir réussi.

Comment éviter le stress ?

Un peu de stress peut être utile pour apprendre ou réussir un exposé oral. Le problème est le stress prolongé voire permanent. Il a des conséquences négatives sur le cerveau et, à plus long terme, sur la santé. Il vaut donc mieux l'éviter.

À quoi reconnaît-on que l'on est stressé ?

Si vous rencontrez un de ces problèmes régulièrement ou de manière très forte, c'est peut-être que vous êtes stressé :

- mal de dos ;
- problèmes de sommeil ;
- manque de désir, y compris sexuel ;
- mal-être général, tristesse ;
- fatigue, même au réveil ;
- trous de mémoire ;
- mal de ventre ;
- anxiété ;
- accélération de la respiration ;
- irritabilité ;
- migraine ;
- tics, par exemple bouger continuellement son pied ;
- problèmes de concentration...

Comment gérer les situations ?

Le stress en cours	Un travail régulier évite le stress de dernière minute. Les fiches sont un bon moyen de travailler tous les soirs. Vérifiez de temps à autre votre capacité à mémoriser. Anticipez les attentes, les questions du prof.
Les examens	Ne travaillez pas au dernier moment. Faites-vous un programme de révision très anticipé. Cherchez à savoir ce qui est attendu. Lisez bien les énoncés.
Une matière en particulier	Essayez de comprendre les raisons de ce blocage. Analysez vos erreurs ou votre manque de désir. Comprenez l'utilité de la discipline. Ce rejet est-il lié à l'absence d'un projet ?
Un prof en particulier	Repérez ses exigences, ses habitudes, ses manies. Essayez de comprendre ce qu'il attend de vous. Essayez d'anticiper sur sa façon d'interroger.
La peur de l'échec	Les erreurs font partie de l'apprentissage, apprenez à en tirer parti. Et, pour vous rassurer, vérifiez que votre cours est complet et que vous êtes capable de l'utiliser.
Des relations tendues avec la famille	Passez un « contrat » avec votre famille sur ce qui pose problème.
Une mauvaise organisation (tout faire à la dernière minute par exemple)	Gérez votre temps, organisez votre place de travail, structurez vos cahiers, fichiers d'ordinateur, classez vos documents.

Pour essayer de se détendre

- Pensez à quelque chose de positif : un bon souvenir, un fou rire, une blague, une personne que vous aimez…
- Respirez profondément.
- Pratiquez un exercice de relaxation.
- Écoutez de la musique.
- Lisez un livre ou une BD.
- Faites du sport ou pratiquez une activité physique.
- Faites une sieste.
- Parlez de vos soucis à quelqu'un ou écrivez-les.
- Jouez avec votre animal de compagnie, si vous en avez un.
- Riez le plus souvent possible !

À éviter

- Ne consommez pas une drogue pour vous calmer, et notamment du tabac, du cannabis ou des tranquillisants. Toutes sont néfastes pour la santé et empirent la situation, même quand elles donnent l'impression contraire.
- Ne grignotez pas, surtout des aliments très riches en sucres ou en graisses. Remplacez-les par un verre d'eau, une tisane ou à la limite par un fruit ou un laitage.
- Ne vous découragez pas. Acceptez un moment difficile, sans vous lamenter… Essayez de repérer ce qui est positif dans votre vie et cherchez en permanence des solutions.

À méditer

Mieux vaut apprendre à rester zen. Car c'est la manière dont nous percevons un événement qui en fait un stress négatif ou un défi à relever.

POURQUOI NE PAS SE RELAXER POUR DÉCOMPRESSER ?

Quelques exercices de relaxation

Pour chacun de ces exercices, il faut vous allonger sur un tapis, dans un lieu pas trop froid. Respirer calmement. Chacun des mouvements doit être fait lentement. Inspirez en contractant les muscles et expirez en relâchant la pression.

- Pliez les coudes. Ensuite contractez et relâchez les biceps (les muscles avant des bras).
- Crispez et ensuite relâchez le front. De même avec les mâchoires.

• Remontez puis laissez retomber les épaules.
• Serrez les poings puis écartez les doigts.
• Bougez la tête (lentement) d'un côté à l'autre, d'avant en arrière puis en cercle.
• Rentrer puis faites ressortir votre ventre.

Vive le rire !

Le rire représente un exercice remarquable pour le corps, un genre de « jogging intérieur ». Il fait travailler à merveille les muscles du visage, des épaules, du diaphragme et de l'abdomen. Quand on rit très fort, même les muscles des bras et des jambes participent. Essayez de rire le plus souvent possible... Bien sûr, évitez de faire rire les copains aux dépens du prof !

Si rire excite sur le moment, les réactions qui suivent sont vraiment relaxantes. Ce sont des flots d'endorphines, des hormones relaxantes, qui se répandent dans le corps.

Trouvez ce qui vous fait rire et usez-en sans modération ! Voici quelques idées :

- films comiques ;
- sketches (à la radio ou à la télévision) ;
- livres de blagues ;
- jeux ;
- BD...

Et, si vous n'avez vraiment pas envie de rire, essayez au moins de sourire une fois par heure !

Apprendre à faire le vide

Faire des études n'est pas « chose facile » ! Mais quand, en plus, on doit gérer une vie personnelle lourde, difficile ou contraignante, il est délicat de « faire le vide » pour se mettre à apprendre. On peut avoir à mener de front une carrière sportive, une vie familiale avec des enfants, des problèmes de santé ou des problèmes de famille et... des études. En tant qu'étudiant, il est parfois nécessaire de travailler pour gagner sa vie et continuer à passer des examens. Difficile d'alterner de l'un à l'autre et de se concentrer. Deux cas sont à envisager.

Cas n° 1. Vous devez faire face à des activités extérieures (sport, famille à gérer, travail), contraignantes, physiques mais qui ne vous « prennent pas trop la tête ». La solution est plus simple. Avant d'étudier, ménagez-vous un moment de relaxation d'une vingtaine de minutes environ. Dans votre jardin ou votre chambre, au calme, asseyez-vous, respirez par le ventre et faites quelques exercices pour vous sentir bien et « dégager » votre esprit (voir chapitre VIII).

Il peut être utile de vous changer pour symboliser cette rupture avec le quotidien. Puis mettez-vous au travail, si possible dans un endroit dédié. Le mieux est d'avoir son bureau. Si ce n'est pas possible, réfugiez-vous dans un endroit calme de la maison, éteignez votre *smartphone*, fermez votre boîte mail pour ne pas être distrait et mettez vos notes au propre, puis attaquez vos révisions, vos recherches ou votre projet.

L'exercice des 30 secondes (voir chapitre VII) est un « plus » pour entrer dans vos moments d'apprentissage :

- Qu'ai-je à apprendre ?
- Où en étais-je ?
- Que reste-t-il à faire ? En combien de temps ?

Cas n° 2. Vous devez faire face à des préoccupations (maladie, difficultés familiales, sentimentales ou professionnelles...). Impossible de faire « le vide » dans votre esprit, de laisser filer vos pensées sans vous y arrêter. À chaque instant, vos tracas ressurgissent. Vous avez beau essayer de les chasser, ils reviennent s'imposer et vous perturbent dans vos révisions. Un exercice de relaxation où vous essayez de rester concentré sur votre respiration, votre corps, les odeurs qui vous entourent, peut ne pas suffire. Il est difficile de se libérer de toute préoccupation et de toute émotion.

Sans doute faut-il alors faire en plus un peu de méditation. Méditation ? Le mot surprend encore. N'envisagez pas cette pratique comme un exercice spirituel contemplatif demandant au moins trois mois d'abstinence dans un monastère bouddhiste perdu au fin fond du Népal ! Une proposition simple et réaliste pour un étudiant occidental consiste à associer relaxation, respiration, concentration sur soi, arrêt des processus de la pensée et maintien de l'observation de soi. Elle repose sur un moment de calme, une posture agréable ou un mouvement lent, un travail de respiration et une présence attentive à l'instant, à un objet ou à soi. Le mieux reste de choisir un moment et une durée déterminés : dix minutes pour commencer. Choisissez un endroit apprécié dans la maison, toujours à la même place.

Installez-vous sur un tapis, assis face à un mur ; choisissez des vêtements confortables sans ceinture et sans chaussures. Adoptez une posture facile – assis en tailleur ou sur les talons – et commencez la relaxation en respirant calmement par le ventre. Fermez les yeux et ralentissez légèrement votre respiration. Vous pouvez vous concentrer sur la sensation de l'air qui entre et sort de vos narines. Bien sûr, les adeptes de ce type de pratique seront effarés, mais le *quidam* qui débute décèlera certainement une première sensation de détente.

Les fois suivantes, prenez mieux conscience de votre respiration jusqu'à ce qu'elle ralentisse et devienne plus légère. Concentrez-vous sur votre ventre ; cet exercice de méditation contribue à éviter la dispersion de la pensée. Votre cerveau devrait commencer à s'apaiser et à prendre du recul par rapport à toutes les pensées qui défilent habituellement dans votre tête. Cette concentration permet de lever les voiles, les incompréhensions, les tensions internes, les contradictions et les histoires que nous nous racontons à nous-mêmes pour exister. Nous apprenons progressivement à nous accepter tels que nous sommes réellement. C'est le premier pas vers une plus grande sagesse.

La méditation ne vise donc nullement à vider l'esprit, mais à l'apprivoiser, à ne plus lutter contre lui. Vous asseoir, prendre un temps calme peut contribuer à ouvrir votre esprit, vous rendre plus vif et alerte – mais nullement impassible. Progressivement, essayez de vous ouvrir entièrement, débarrassez-vous de vos préjugés ou de vos idées reçues, prenez du recul par rapport aux problèmes ou aux difficultés actuelles pour vous concentrer sur le travail de révision à entreprendre.

IX

La confiance en soi et l'estime de soi

Les « rituels » de l'école mais également de nombreuses formations font très souvent perdre la confiance en soi. Il peut en résulter après quelques échecs répétés une perte de l'estime de soi. Une suite de mauvaises notes, une copie remplie de traits en rouge, un devoir rendu avec un peu de désinvolture, une phrase à la volée avec une injonction schématique : « pourrait mieux faire », « ne travaille pas sérieusement », « n'accorde pas suffisamment d'intérêt à son travail » et c'est... la perte de la confiance. Et si en plus vous accordez une grande considération à la formation en cours, c'est également l'estime de soi qui part en vrille.

ATTENTION : FRAGILE !

Or, l'apprendre nécessite tout à la fois :
– une forte « confiance en soi » ;
– une inébranlable « estime de soi ».

Ces deux composantes de la personne représentent les moteurs puissants de notre motivation à apprendre. Et sans motivation, impossible de progresser. D'autant plus que la quête du savoir est très déstabilisante par essence. Il n'est pas évident de changer sa façon de penser ou son regard sur le monde. Ses propres représentations de soi, de l'autre, ou ses repères peuvent être bouleversés. La connaissance peut vous entraîner dans des mondes qui ne vous sont pas familiers ; elle est très insécurisante car elle peut vous sortir de vos habitudes ou de vos évidences.

Passer de la géométrie classique à la géométrie non euclidienne, de la physique classique à la physique quantique demande de faire un grand saut dans l'inconnu. Comprendre la subsidiarité des

États en Europe ou se mettre au fait de la mondialisation demande de changer nombre de ses jalons quotidiens. Sans une grande importance accordée à son propre potentiel afin d'y arriver, sans un bon jugement de valeur sur qui on est, le passage peut ne pas se faire. Or nombre d'obstacles à l'apprendre se trouvent à ce niveau.

Prenez le temps de réfléchir et de vous entraîner sur ces deux plans (confiance + estime), vous y trouverez des pistes pour dépasser certains de vos manques actuels. Car, contrairement à ce que vous pensez, « confiance en soi » et « estime de soi » n'ont rien d'inné.

Elles vous paraissent inhérentes à votre propre nature, parce que l'école ne les prend pas en compte. Une fatalité s'installe. Il y a ceux qui ont confiance en eux (quelle chance !) et les autres ; ceux qui ont une bonne estime d'eux-mêmes et le reste du monde. Dès lors, confiance et estime restent implicites et rien ne bouge. Or leur niveau est le produit de votre histoire familiale, sociale ou scolaire. Il est possible, il est même indispensable, de les travailler pour donner le meilleur de vous-même !

Liées mais différentes

« Confiance en soi » et « estime de soi » sont très souvent confondues. Certes, elles sont liées, toutefois il importe de bien les distinguer pour les prendre en compte et les développer. Toutes deux ont des natures différentes ; surtout elles se développent et s'entretiennent différemment.

La « confiance en soi » résulte d'une sorte d'évaluation implicite qu'on fait sur soi et ses capacités. On considère ou pas qu'on a les outils et les ressources nécessaires pour affronter une situation particulière. Une « bonne » confiance en soi donne un sentiment de sécurité. Elle est un moteur non seulement de l'apprendre, mais également de l'entreprendre.

La confiance en soi est donc un thermomètre repérant notre niveau de capacités !

L'« estime de soi » résulte également d'une auto-évaluation implicite que l'on fait de soi-même. Celle-ci est en rapport avec nos propres valeurs. Lorsque nous accomplissons quelque chose que nous pensons valable, nous ressentons une valorisation et lorsque nos actions paraissent en opposition avec nos valeurs, nous « baissons dans notre estime ».

L'estime de soi est donc un baromètre mesurant notre valeur !

Par exemple, si vous vous considérez « mauvais mathématicien » mais que vous n'accordez qu'une piètre importance à ce savoir, vous n'en tirerez pas une mauvaise « estime » de vous, même si votre « confiance » pour résoudre un problème est faible !

La confiance en soi

Nul ne peut réussir dans les études sans un minimum de confiance en soi[1] ! Dans les formations, le doute constant de soi constitue un frein ; la personne se demande toujours « si elle est à la hauteur », si vraiment « elle est capable d'y arriver ». De plus, une personne dont la confiance en soi fait défaut se sent facilement « blessée » à la moindre erreur ou à la moindre remarque faite sur elle. Elle perd ses moyens, au lieu d'en tirer avantage. Enfin, elle a plus de stress dans les épreuves à passer. Que faire ? Pas question d'en rester là. Il faut travailler sur la confiance, mais pas n'importe comment. Attention aux fausses solutions.

Sur Internet, vous trouverez nombre de publicités du style :

« Enfin une méthode vraiment efficace pour acquérir, développer ou retrouver une solide et profonde confiance en soi. »

« Oui, développer la confiance en soi, c'est possible ! En quatre heures de formation, dispensée par des formateurs certifiés, vous apprendrez facilement trois techniques... »

Et chacun y va de sa méthode ou de ses techniques. Malheureusement, celles-ci ne « marchent » vraiment que pour ceux ou celles qui les ont mises au point ! Nous avons tous en nous le potentiel pour restaurer ou renforcer la confiance en soi. Il s'agit de se redonner du pouvoir sur soi-même et de croire en sa capacité à faire face aux événements.

Facile à dire, mais comment y parvenir ? Difficile de régler une telle démarche par des recettes venues de l'extérieur, car il s'agit d'un travail à faire sur soi-même... Il est possible seulement de fournir des pistes, des idées dont chacun peut se saisir. Pour l'essentiel, tout dépend de vous. Parlez éventuellement à quelqu'un en qui vous avez toute confiance (meilleure amie, conjoint) de ce manque de confiance qui vous pourrit la vie. Demandez-lui un avis honnête et écoutez vraiment ce qu'il vous répond.

1. Il en est de même dans son travail, ses relations ou sa vie affective.

Consultez seulement si vous n'arrivez vraiment pas à avancer.

À chacun sa méthode, celle qui vous permet d'avancer.

On a chacun une personnalité et une histoire différentes, donc il n'y a pas de remède universel. Il faut trouver la méthode qui nous convient. Cela ne veut pas dire rester dans son coin. Les autres peuvent vous donner des idées pour sortir de ce que vous êtes. C'est aussi cela apprendre sur soi.

Idées fausses à dépasser

Croire que les solutions toutes faites existent. Il faut les inventer, en s'appuyant sur l'expérience d'autrui, en s'appropriant leur solution pour entamer une démarche de changement.

Croire que si « ça ne marche pas, c'est de ma faute », « je ne suis pas bon », « pas à la hauteur ». Faites de l'erreur et de la difficulté un point de départ.

Croire qu'on ne peut rien faire : « je suis coincé », « acculé », « c'est trop compliqué », « je n'ai pas les moyens », etc. Demandez-vous ce que vous pouvez faire de « plus » à votre niveau et avec vos possibilités.

Croire que le problème est résolu parce qu'on va voir un spécialiste. Tout part de soi, tout dépend de soi. L'autre ne peut être qu'une ressource, qu'une « aide ».

Comment améliorer sa confiance en soi ?

La confiance en soi est essentielle pour apprendre. En effet, elle permet de ne pas être stoppé par la peur de l'échec ou d'accepter et d'utiliser les critiques que l'on reçoit. Dans la suite des études, elle permet de saisir les opportunités qui s'offrent à nous, voire de s'épanouir sans complexes. Voici quelques pistes pour trouver sa confiance en soi.

1. Faites le point : prenez conscience de vos ressources et de vos qualités.

La confiance en soi dépend du degré de conscience de vos qualités. Chacun de nous possède des ressources et des capacités. Seulement, faute de connaissance de soi et surtout du savoir-faire nécessaire, on ne sait pas utiliser ce gigantesque potentiel. On ne voit que ses défauts, ceux qui nous font rater !

Dans un premier temps, essayez de lister tout ce que vous savez faire. Pas seulement sur le plan formation traditionnelle :

– je sais danser le hip-hop, le charleston, la java ;

– je sais coudre, tricoter, crocheter ;

– je sais dribbler ;

– je suis spécialiste du couscous, de la paella, de la fondue chinoise ;

– etc.

Concentrez-vous sur vos succès, vos grandes réussites, y compris hors du domaine scolaire ou de formation. Notez ensuite chaque semaine sur un petit carnet toutes vos réussites, petites ou grandes. Les jours difficiles, on peut s'y replonger pour regonfler sa confiance.

Regardez les échecs que vous avez su surmonter. Les échecs peuvent être très riches en apprentissage, si on sait en tirer parti. N'attribuez pas tous vos ennuis à vos difficultés scolaires ou de formation. C'est une solution de facilité qui vous empêche souvent de voir où sont vos vrais problèmes. Vous n'avez pas réussi votre oral ? La raison n'est-elle pas à chercher dans le faible travail fourni, plutôt que dans votre manque de confiance en vous ?

2. Soyez positif !

Parlez de manière positive de votre vie ainsi que des projets que vous tentez d'accomplir. Les pensées négatives érodent petit à petit la confiance en soi. Ce n'est pas en se traitant de « nul » à tout bout de champ que l'on pourra être confiant. Il faut essayer de stopper ces pensées négatives et s'entraîner à penser de façon positive et à s'encourager plutôt que de se dévaloriser.

Pour commencer, arrêtez de douter de vous. Libérez-vous d'une certaine culpabilité : celle-ci est un véritable poison qui sape votre confiance. Prenez le temps de repérer, dans votre enfance, les moments où vous avez perdu confiance. Essayez de comprendre pourquoi. Était-ce à cause d'un parent ? d'un prof ?

3. Essayez de petits objectifs

Pour commencer à vous redonner confiance, donnez-vous de petits objectifs, facilement atteignables :

– être capable d'apprendre une fiche en une heure,

– obtenir la moyenne dans une discipline que l'on aime.

N'hésitez pas à vous récompenser ensuite. À chaque petit succès sur soi-même, il faut se donner une petite récompense et ne pas oublier de se féliciter.

4. Choisissez votre entourage :

Plus vous serez valorisé, plus vous gagnerez en confiance. Souvent, quand la confiance en soi est défaillante, on s'entoure mal. On recherche sans le savoir un entourage qui critique facilement. Choisissez des amis qui vous acceptent tel quel et qui ne prendront pas plaisir à vous rabaisser. Ne faites pas de vos supposés problèmes la pièce maîtresse de vos conversations.

Savoir gérer ses notes

À l'école, mais aussi dans le milieu professionnel, les notes reçues lors d'une évaluation peuvent être un puissant facteur de perte de confiance. Quelques conseils pour survivre à une mauvaise note :

- Rappelez-vous qu'une note est toujours l'évaluation d'un travail, pas de votre personne. Une mauvaise note ne peut pas signifier que **vous** êtes nul. Votre travail a pu l'être, à un moment précis, mais pas vous…
- Repérez vos erreurs, celles qui ont coûté beaucoup de points. Et pensez à ce que vous pouvez faire pour ne pas les reproduire, en évitant les « je n'y arriverai jamais » défaitistes.
- Prenez la mauvaise note comme un instrument de motivation. Une progression, même quand on part de bas, est source de confiance.

Confiance en l'autre

La confiance en soi, c'est bien, mais il faut se poser la question de la confiance en l'autre : les condisciples d'un groupe de travail, l'enseignant ou l'institution. Très souvent, l'obstacle est là : on ne fait pas confiance au prof ou à l'institution dans laquelle on apprend. Quand on a le choix, il importe de bien choisir son lieu d'apprentissage, les outils sur lesquels on va prendre appui (livres, logiciels…). Ce qui demande de se renseigner au préalable sur des personnes ou des sites dignes de confiance.

Quand on n'a pas le choix, on essaie de tirer parti au mieux de ce que l'on a à disposition et de compenser en s'appuyant sur des données que l'on va chercher et dans lesquelles on a toute confiance.

Bien sûr, le manque de confiance en soi peut venir d'un manque de préparation. En se préparant le plus possible pour ce que l'on redoute, on peut augmenter sa confiance. Il existe encore quelques trucs :

– Faites semblant : se tenir droit, relever la tête, sourire et regarder les gens dans les yeux. Feindre l'assurance permet de se sentir plus confiant.

– Évitez de vous comparer aux autres. Se comparer aux autres est très néfaste car on peut toujours trouver quelqu'un de meilleur que soi dans un domaine. Chacun a des potentialités et des limites !

– Écoutez une musique entraînante : la musique entraînante remonte le moral et dope la confiance en soi.

– Choisissez un domaine de compétence où vous pouvez avoir quelques succès, en dehors de votre formation : le sport, la cuisine ou bien encore le bricolage. Essayez de vous y sentir à l'aise et d'y progresser.

Surmonter son trac

Mains moites, sueurs dans le dos ou sur le front, jambes molles, bouche sèche et enfin le cœur qui bat la chamade, voici le trac ! Au moment de l'oral ou lors d'un entretien d'embauche, vous voilà paralysé(e). Vous perdez une bonne partie de vos moyens ; vous oubliez ce que vous avez appris.

Avoir le trac n'est pas une fatalité. Rien de plus normal, avant une épreuve. Il peut même être un « plus », si vous arrivez à le réguler, c'est-à-dire à en faire votre allié. Votre cerveau est en grand éveil, votre corps s'harmonise avec vos paroles. Bien sûr, le manque de confiance en vous favorise le « mauvais trac ». Pour essayer de le faire reculer :

1. Prenez de la distance ! Lors de la préparation avant l'épreuve, prenez le temps de travailler sur vous. Ne pensez pas seulement au contenu. La façon de l'exprimer est tout aussi importante. Prenez le temps de renforcer et votre confiance et votre estime de vous (voir exercices).

2. Soyez positif ! Arrêtez de vous lamenter, de dire que vous n'y arriverez pas. Ne bâtissez pas de scénarios catastrophes. Gommez vos lacunes et vos faiblesses, vous ferez mieux sans. Pensez plutôt à vos grandes capacités et ressources. Cela renforcera votre confiance en vous.

3. Soyez parfaitement prêt ! Tout retard, toute déficience est source d'anxiété ou d'angoisse. Mieux vaut donc être fin prêt ! Pour une épreuve, préparez vos fiches, apprenez-les ou connaissez-en l'ordre et l'usage si vous pouvez vous en servir. Si vous devez réciter un texte par cœur, mémorisez-le suffisamment pour être au point.

4. Entraînez-vous à affronter les difficultés ! Mettez-vous en situation de passer l'épreuve. Imaginez les lieux, la situation, les examinateurs et posez-vous des questions telles qu'elles pourraient être le jour de l'examen.

Demandez à des amis de vous mettre en situation « réelle » pour vous préparer. Ils peuvent jouer le rôle de l'examinateur :

- vous poser des questions (pour un entretien professionnel),
- vous tendre des pièges,
- chercher à vous déstabiliser.

Cet entraînement contribuera à vous faire réagir en circonstance et à apprendre à ne pas vous laisser « dépasser ».

5. Ritualisez ! Pourquoi ne feriez-vous pas comme les artistes ? Mettez en scène un objet anti-trac, un objet qui vous a porté chance :

- un vêtement,
- un « talisman » à garder dans votre poche,

ou ritualisez un comportement :

- boire toujours la même boisson ;
- manger votre aliment favori ;
- faire un geste qui renforce le « moi ».

6. Relaxez-vous en contrôlant votre respiration ! Juste avant l'épreuve, essayez de vous relaxer. Fermez les yeux, posez une main sur votre ventre, inspirez profondément par le nez, puis expirez tout doucement. Sur une inspiration, serrez vos poings, bloquez la respiration et relâchez fortement. Recommencez plusieurs fois, en serrant votre mâchoire cette fois ou en montant les épaules. Répétez plusieurs fois ces gestes en prenant le temps de reprendre votre respiration entre chaque. Tout doit être fait en douceur et en ressenti de votre corps.

Puis rassemblez vos esprits, faites le vide dans votre tête et mettez-vous progressivement en situation, prêt à…

7 – Foncez !

L'estime de soi

À tout moment, chaque personne peut porter des jugements positifs ou négatifs sur elle-même : son comportement face à une situation, ses performances, ses aptitudes et ses mérites. Avoir une bonne image de soi – en d'autres termes son « estime de soi »

– augmente son potentiel de confiance et on est donc plus disposé à surmonter les épreuves, voire à combattre l'adversité.

Une estime de soi élevée est un facteur protecteur, elle est un « plus » dans l'apprendre. A contrario, ne pas avoir été bien « armé » en la matière conduit à douter en permanence de soi. La personne se fait du mal ; se « dégoûte » même parfois. Sa vie durant, elle va se complaire dans ses échecs et chercher à se justifier, au lieu de faire face.

Une personne ayant une bonne estime personnelle apprend et retient plus facilement ; et pour commencer elle objective ses difficultés pour les dépasser. Elle fait preuve d'un plus grand sens des responsabilités dans son parcours scolaire ou de formation. Elle peut puiser en elle les ressources internes lui permettant de mieux appréhender les difficultés à dépasser.

Une bonne estime de soi produit une « énergie » constructive et adaptative qui permet à la personne de s'ouvrir :

– à la nouveauté,
– à l'inconnu,
– à l'autre dans sa différence.

Elle conduit à une acceptation de son identité ; elle développe un sentiment de continuité et de cohésion de soi, autant de paramètres indispensables pour favoriser l'apprendre. On accepte plus facilement les difficultés, les obstacles, les critiques, si on a une bonne estime de soi. On défend mieux ce qui nous tient à cœur et on atteint plus facilement les objectifs d'études ou de formation qu'on s'est fixés. En revanche, si on a une piètre opinion de soi, on a l'impression de passer en permanence à côté.

Pourquoi certaines personnes s'estiment-elles peu et d'autres, beaucoup ? Pas facile d'en dire les causes. Il faut sûrement chercher du côté de notre enfance profonde. Le plus favorable, semble-t-il, est :

– quand l'enfant a été accepté tel qu'il était ;
– quand les parents ont cru qu'il pouvait réussir dans la vie.

Mais tout n'est pas aussi simple. On peut renforcer son estime de soi également quand on a à se battre ou à s'opposer en permanence pour exister. Inversement, une situation familiale trop *cocooning* ne construit pas forcément cette croyance en soi. De plus, on ne se respecte pas tous pour les mêmes raisons. Tout dépend des valeurs que l'on se donne.

Comment développer son estime ?

Pour y arriver, il faut croire en nos compétences, en notre valeur et en nos ressources. Les psychologues ajoutent en notre capacité à être aimé ! Si vous n'avez pas encore cette estime de soi, pas grave, la situation n'est pas désespérée ! On peut la travailler au quotidien.

Première règle : pour développer son estime de soi, il faut bien se connaître. Il faut prendre du temps pour soi. Penser à soi n'est pas un crime ! Pas de mauvaise conscience, vous y avez droit. En s'accordant chaque jour du temps à soi, on renforce la notion qu'on est important et qu'on est méritant !

Si vous en avez la possibilité, prenez de temps à autre un bain chaud et bien moussant. Ressentez le bien-être que cela vous fait et dites-vous : « Peu importe ce qui m'arrivera dans la journée, je l'ai commencée en me faisant plaisir. »

La nature des gestes à faire compte peu : boire un verre, admirer un arbre, etc. Choisissez celui qui vous convient. L'important est :

– le sentiment de bien-être que l'on ressent en le faisant ;

– l'importance que vous vous accordez.

Chacun de nous est doté d'un puissant élan pour évoluer et se renouveler en permanence. Il s'agit de saisir cette dynamique et d'en faire quelque chose par rapport aux objectifs de formation qu'on se donne.

Deuxième règle : il vous faut rebondir sur vos erreurs ou vos malheurs. De chaque erreur, nous pouvons tirer des enseignements. Chaque malheur a ses côtés positifs. Demandons-nous : « Que puis-je tirer de positif de cette erreur ? », « Où me suis-je trompé ? Que faire pour l'éviter ? ». D'abord, il vous faut toujours dédramatiser l'erreur pour en faire un simple « faux pas » riche de sens et chercher immédiatement des solutions pour ne pas recommencer.

En cas d'échec, pas question de rester à se lamenter. Arrêtez de penser que c'est votre personne qui est en cause. Demandez-vous : « Que puis-je tirer de positif de cet événement triste ? » « Suis-je plus fort, plus sensible, plus zen qu'avant de vivre ce malheur ? »

Constatez ensuite :

– qu'on dépasse une difficulté ;

– qu'on a non seulement survécu à une expérience malheureuse, mais qu'on a aussi acquis de la sagesse. On éprouvera un plus grand respect pour soi.

Troisième règle : essayez de vous respecter. Il vous faut couper avec ce sentiment de non-respect, surtout si, pendant l'enfance, vous n'avez été ni respecté ni valorisé. Plusieurs démarches existent, essayez celle qui vous correspond le mieux :

– décrivez les situations que vous avez vécues où vous ne vous êtes pas sentie respectée ou valorisée et faites un geste symbolique pour vous dire que « cela suffit ! » : jetez quelque chose qui vous insupporte, mettez-le dans le creux d'un arbre ;

– essayez de vous voir à travers le regard de ceux qui vous ont aimé (votre mère, votre père, un enseignant, un ami). Dites-vous ce que vous auriez aimé qu'il ou elle vous dise !

– souvenez-vous de quel genre d'enfant vous étiez. Prenez une de vos photos d'enfance et posez-lui des questions :

– « Qu'est-ce que tu ressentais quand tu ne te sentais pas respecté ou pas valorisé ? »

– « Comment était la vie dans ta famille ? »

– « Qu'aurais-tu eu plaisir à entendre ? »

Le simple fait de trouver des réponses aujourd'hui à des questions d'hier peut nous permettre de prendre au sérieux cet enfant en nous et de l'écouter, voire de nous construire une autre enfance. N'hésitez pas à vous faire accompagner, si le cheminement est trop dur pour vous !

Quatrième règle : chaque jour faites-vous un petit plaisir, quelque chose rien que pour vous et qui vous fait du bien, qui vous porte. Notamment :

– se sourire dans le miroir au réveil ;

– prendre le temps de s'admirer ;

– se dire affectueusement et à haute voix une phrase positive ;

– se féliciter à la moindre petite réussite.

Tout adolescent, et encore plus tout adulte, a besoin d'être cajolé. Ne comptez pas sur l'autre. Tant mieux s'il est un « plus », mais on n'est jamais mieux servi que par soi-même ! Faites-vous confiance et l'estime reviendra.

Que faire les jours de déprime ?

Il est des jours où rien ne va pas, rien ne marche : on n'arrive pas à apprendre. On n'obtient pas de bons résultats. À bas la politique de l'autruche ! Pour en sortir, cela suppose de ne pas se laisser envahir par le doute, la lamentation ou la déprime.

La première chose à faire est de se poser. On peut :

– prendre une tasse de thé, un verre de jus de fruits ;

– prendre un bain ;

– aller faire un tour ;
– mettre une musique qu'on aime tout particulièrement.

On évitera alcools, médicaments et excitants. Bien installé, on écoute son histoire :

– qu'est-ce qu'on a fait ?
– qu'est-ce qui ne marche pas, notamment quelle erreur on a commise, sans se juger immédiatement ou se censurer ?

C'est le début de ce qu'on appelle « s'occuper de soi pour comprendre ». On essaie de tirer parti de ses erreurs. On réfléchit sur ce qu'il faudrait faire à la place. On constate :

– ses manques – notamment de préparation – d'une part,
– ses ressources d'autre part.

Si c'est trop difficile tout seul, n'hésitez pas alors à en parler à un ami ou une amie. Exceptionnellement, si tout va mal et que cela dure, prenez conseil auprès d'un professionnel. Une aide ponctuelle peut permettre de passer un cap qu'on croyait infranchissable.

Nous avons tous des limites et des difficultés. N'en faisons pas un rituel de vie. La connaissance de soi fait partie intégrante du mécanisme d'apprentissage. S'occuper de soi, c'est apprendre à mieux se connaître pour mieux gérer l'équilibre dynamique entre ses valeurs, ses choix et malgré tout les contraintes sociales.

Bien sûr, ces démarches sont à faire en amont de la période intense d'études ou de révision. Profitez des vacances précédentes. Si vous ne l'avez pas fait, il n'est pas trop tard. Il suffit de prendre 2 à 3 jours pour se dynamiser, un week-end par exemple. Ce n'est pas du temps perdu. Cela va vous stimuler et vous serez plus efficace ensuite.

La meilleure façon d'augmenter son estime de soi, c'est évidemment de ne faire que ce qui est en accord avec soi-même. On s'estime davantage quand nos actes et nos paroles sont conformes à nos valeurs. Mais c'est plus facile à dire qu'à faire ! Ce n'est jamais « évident » quand on fait des études ou une formation. Les occasions sont nombreuses de dévier du droit chemin, pour toutes sortes de raisons, notamment celle de plaire aux examinateurs !

Quoi qu'il arrive, on sait désormais qu'on est libre d'agir selon notre jugement.

Point trop n'en faut ! Les risques d'une surestimation de soi

Bien sûr, comme tout, l'estime de soi doit être mise en tension avec d'autres valeurs. Quand le rapport à soi prime sur le rapport à l'autre, c'est l'inflation de l'ego. Cela peut conduire à des comportements tyranniques !

Notre société a tendance à valoriser le rapport à soi, c'est-à-dire l'ego, plutôt que le vivre ensemble. Certains enfants adulés par leur entourage deviennent dès lors narcissiques, suffisants ou insupportables. Ils peuvent prendre des risques insensés par trop de confiance.

L'estime de soi ne peut aller sans une certaine dose de doute en parallèle. Confiance en soi et doute provisoire font une belle paire. De même estime de soi et respect d'autrui ne peuvent être dissociés dans un processus éducatif.

La place de la personne dans l'apprendre

La confiance en soi et le désir d'apprendre (voir chap. II) renvoient directement à la place de la personne dans le processus de l'apprendre. L'école ou la formation ne s'intéressent qu'au « contenu ». Encore trop largement, elles oublient celui qui apprend et ses ressources pour le faire. En 1792, Jean-Jacques Rousseau écrivait dans l'*Émile* : « Donnez à l'enfant le désir d'apprendre et toute méthode sera bonne. »

On pourrait le paraphraser en disant : « Faites émerger la personne, et toute méthode sera bonne. » Quand l'individu sait qui il est, ce qu'il veut faire, quelles sont les valeurs qu'il défend, il va plus facilement chercher le savoir dont il a besoin. Il entreprend, parfois en tâtonnant, en se trompant mais en y remédiant, pour s'approprier les connaissances qu'il souhaite. Et il y met l'ardeur nécessaire.

Les formations réduisent l'apprenant à un consommateur de savoirs et de formation. Ce dernier attend que cela se passe. Et tout devient plus difficile.

Les faiblesses de l'estime de soi par exemple alimentent de nombreuses formes de souffrances. Elles se manifestent sous des formes dépressives ou anxieuses, de timidité ou de problèmes relationnels.

La valorisation de soi, le besoin de s'estimer, l'envie d'aller vers ses désirs sont des éléments fondamentaux durant toute la vie. Ces trois éléments sont « un passeport pour apprendre ».

Renforcer l'estime de soi, la confiance en soi, prendre en compte ses désirs seraient donc bien une démarche d'éducation à investir. Comme cela n'est pas encore fait par l'école et nombre de formations, il importe de le faire soi-même, et pour commencer :

– de mieux se comprendre soi-même et d'accéder à ses ressources personnelles ;

– de définir avec clarté ses objectifs en clarifiant ses désirs profonds pour les atteindre ;

– de trouver ses propres solutions, celles qui conviennent vraiment, autant dans l'apprentissage que dans sa vie quotidienne pour prendre ses décisions.

Bien sûr, il s'agit ensuite d'apprendre à fonctionner de façon « optimale », quelles que soient les situations rencontrées. Ne cherchez pas un idéal dans l'apprendre, tout est trop complexe et trop paradoxal pour y parvenir. Visez le moindre mal ou, mieux, un niveau d'exigence ou de satisfaction. Peut-être vous faudra-t-il :

– changer les comportements et les habitudes qui vous limitent, et pour commencer il faut savoir positiver. Demandez-vous : « Comment faire pour que ça fonctionne bien ? » plutôt que : « Pourquoi ça ne fonctionne pas ? » ;

– gérer les émotions – c'est-à-dire en jeter certaines – ; en tout cas savoir les « utiliser » à bon escient ;

– résoudre les problèmes de stress, d'anxiété, d'angoisse ou de santé (voir chap. VIII).

Les 5 commandements !

À afficher suivant les jours dans votre chambre ou votre bureau, pour renforcer votre estime de soi :

1. Les autres ne sont pas responsables de vos problèmes. Trouvez en vous les moyens de les résoudre.
2. Il faut toujours positiver et chercher les enseignements de vos erreurs.
3. Faites face au conflit plutôt que de l'éviter. Faites face aux difficultés plutôt que de les ignorer.
4. Ne cherchez pas la sécurité. Sachez prendre des risques calculés.
5. N'ayez pas peur des échecs. Acceptez vos faiblesses et faites-en des forces !

X

Que faire en cas d'échec ?

FAIRE FACE À L'ÉCHEC

L'échec est très souvent source de découragement, voire d'exclusion. Les échecs répétés cassent le désir d'apprendre. L'estime de soi est atteinte : « Je n'y arriverai jamais », « Je suis trop nul »... L'élève, l'étudiant finit par abandonner.

Malheureusement, rien n'est fait, le plus souvent, au collège, au lycée, à l'université ou même en formation pour éviter le découragement. L'enseignant pense trop souvent que si l'élève ne réussit pas, c'est qu'il ne veut pas : « Il est paresseux », « Il ne fournit pas les efforts nécessaires ». D'autres professeurs, en revanche, ont bien pris conscience des difficultés des élèves (ou des étudiants) et mettent en place des moments et des exercices de rattrapage.

Si rien n'est mis en place pour vous, pas question de craquer ! Il vous faut travailler à deux niveaux : éviter de vous décourager, et apprenez de vos échecs.

1. Éviter le découragement

En cas d'échec, commencez par arrêter de vous lamenter et de vous en prendre à vos enseignants. Tout dépend de vous : n'attendez pas tout de l'institution ou de la formation. Par ailleurs, distinguez bien vos résultats et votre personne. Les résultats n'ont pas été bons. Essayez de comprendre pourquoi. Malchance, travail insuffisant, méthodes d'apprentissage et/ou de révisions inefficaces ? L'échec porte sur votre rendu, sur l'évaluation d'un travail, pas sur la personne que vous êtes. Votre copie a pu être insuffisante, éventuellement votre travail, mais pas vous...

Bien sûr, en cas d'échecs répétés, il faut faire le point sur vos activités, sous peine de baisser dans votre estime de vous-même, ce qui peut entraîner une irrémédiable baisse de confiance en soi devant toute épreuve, y compris non scolaire, et la fuite permanente.

Prenez conscience de vos ressources et de vos qualités. Ne voyez pas que vos défauts. Concentrez-vous sur vos succès antérieurs, vos grandes réussites, y compris hors du domaine scolaire. Prenez conscience des échecs que vous avez été capable de surmonter au préalable et, surtout, restez positif ! Attention à l'entourage : il peut vous enfoncer. Choisissez des amis qui peuvent vous soutenir, ou, mieux, vous aider à dépasser cette phase difficile (voir chapitre IX). Il est important de pouvoir parler de ses difficultés pour se situer et pour dire à quoi on tient.

2. Travailler sur vos échecs et par là vos erreurs

Comment prendre en compte vos échecs pour les dépasser ? Il faut repérer l'origine de vos erreurs. L'important est là : si vous arrivez à identifier vous-même l'erreur, vous avez fait un très grand pas pour surmonter la difficulté.

Pour commencer à vous en sortir, donnez-vous de petits objectifs faciles à atteindre :

– obtenir la moyenne dans une discipline appréciée ;
– faire un ensemble d'exercices ;
– apprendre une liste de verbes irréguliers.

N'hésitez pas à vous récompenser ensuite : à chaque petit succès, n'oubliez pas de vous féliciter pour vous remettre dans une dynamique positive.

Quels sont les principaux types d'erreurs ?

1. Erreurs provenant d'un manque de travail

Dans ce cas, le problème est simple ; il suffit de vous mettre enfin à :

– prendre le cours en entier, arrêter de vous distraire ;
– faire tous les exercices, les dissertations ou les synthèses ;
– apprendre vos formules, vos dates ou vos leçons.

Faites des fiches pour faciliter la mémorisation. Pour vous mettre au travail, travaillez votre motivation et éventuellement les obstacles (voir chapitre II).

2. Erreurs relevant de la compréhension des consignes

Le vocabulaire employé par chaque discipline peut aussi devenir source de problèmes. Quelques exemples de difficultés :

– Les mots nouveaux à connaître :

• Exemples : « inflation », « retour sur investissement » en économie ; « concept », « paradigme » en philosophie.

– Les mots de la langue courante utilisés de manière différente :

• Exemples : les significations de « force », « puissance », « travail » n'ont rien à voir en physique et dans le langage courant.

– Les mots spécifiques à chaque discipline :

• Exemples : en mathématiques, une « hypothèse » est un axiome, c'est-à-dire un présupposé ; en physique, c'est une supposition qu'il faut confirmer.

Les termes employés dans une consigne ne sont pas toujours transparents : « analyser », « indiquer », « expliquer », « interpréter », « conclure »...

Lisez plusieurs fois la consigne pour bien décoder les verbes qui la composent :

– « Observer » / « examiner » / « étudier » : activité d'observation.

– « Trier » / « regrouper » : activité de catégorisation.

– « Classer » / « hiérarchiser » / « ordonner » : activité de classement.

– « Entourer » / « souligner » / « relever » / « repérer » / « lister » / « répertorier » / « inventorier » : activité de repérage.

– « Justifier » / « expliquer » / « définir » / « déduire » : activité d'explication.

Prenez un peu de temps, pour repérer les habitudes, les façons de raisonner, les implicites de chaque matière ou du professeur.

3. Erreurs résultant d'un mauvais décodage des règles du contrat didactique

Bien des erreurs proviennent de difficultés à décoder les règles implicites de la situation.

Par exemple en mathématiques, on part du principe que :

– le problème possède une solution et une seule ;

– pour sa résolution, il faut se servir de toutes les données de l'énoncé, car on suppose qu'elles sont toutes nécessaires ;

– si la réponse ne tombe pas sur un nombre simple, c'est probablement qu'on s'est trompé, etc.

Quand vous faites un exercice, décodez les implicites de la discipline. En mathématiques, on peut utiliser les chiffres et les symboles. On peut répondre en style télégraphique. En français, en philosophie et même en histoire, il faut argumenter avec de vraies phrases !

4. Erreurs liées à la nature des opérations intellectuelles

Vous n'avez pas été assez clair ou assez précis ? Utilisez vos anciennes copies pour comprendre jusqu'à quel point le professeur souhaite que vous argumentiez ou précisiez.

Renseignez-vous éventuellement auprès des élèves qui ont suivi le même cours les années précédentes. Pour les concours, prenez le temps de bien décrypter les annales.

5. Erreurs provenant des démarches adoptées

Vous n'avez pas eu le temps de finir ? Entraînez-vous chez vous à passer les épreuves (exercices, exposés...) en temps limité, et chronométrez-vous. Ne soyez pas trop perfectionniste et ne traînez pas sur les premières questions : ce sont les deux principales erreurs. Au contrôle, à l'examen, vous aurez pris l'habitude de gérer votre temps.

Vous avez appris, mais vous ne savez plus retrouver votre savoir en situation de contrôle ou d'examen ? Révisez et faites vos exercices en vous mettant en condition. Lors de vos révisions, organisez un jeu de rôle, soit seul, soit avec des camarades. Interrogez-vous comme si vous étiez en contrôle ou en examen. Donnez-vous un temps limité de préparation. Pour être sûr que vous avez bien compris, posez-vous ou faites-vous poser des questions, refaites des exercices ou répondez aux questions qui figurent à la fin du chapitre de votre livre.

6. Erreurs dues à une surcharge cognitive

Vous passez un examen : il est normal que vous ayez « beaucoup de choses dans la tête ». Si vous faites des étourderies ou des fautes d'inattention, demandez-vous si vous n'êtes pas trop fatigué. Faites des exercices de relaxation avant l'épreuve. N'avez-vous pas travaillé au dernier moment ? Essayez d'anticiper vos révisions.

Avant tout, prenez le temps de bien vous relire le jour du concours, de comparer ce que vous voulez dire et ce que vous avez écrit. Regardez bien si vous n'avez pas oublié des éléments sur votre brouillon !

Si vous vous sentez stressé lors de l'épreuve et que cette pression vous inhibe, anticipez également en travaillant vos tensions en amont (voir chapitre VIII).